「霧島山登山図」は龍馬の絵か？

幕末維新史雑記帳

宮川禎一

教育評論社

はじめに

この本は筆者が平成二十二年頃から記してきた幕末維新史とその周辺に関わる小文を集めたものである。京都龍馬会の会報『近時新聞《きんじ》』に連載した文章と、高知県立坂本龍馬記念館の『飛騰《ひとう》』という季刊誌の中の現代龍馬学会報に連載した「犬歩棒当記《けんぽぼうとうき》」という短いエッセーがその中心である。両者はほぼ同時期に連載を開始し、年四回という掲載サイクルも一致している。そろそろまた書かないと、というリズミカルな執筆パターンが身体に沁み込んでいるのだ。その連載も七年目を超えて、分量も溜まってきたので原稿をパソコンから取り出して年代順に整理してみた。

改めて読み返せばその時期にどんなテーマに興味を持って調べていたのかが分かって自分史的に興味深い。坂本龍馬とその周辺の人物や事象について様々な観点から書いてきたものである。ただし短い文章にいろいろと無理矢理に詰め込んだので、舌足らずで分かり難いところもあるかもしれない。そこはご容赦願いたい。また『「霧島山登山図」は龍馬の絵か?』というタイトルにひかれてこの本を手にした方は坂本龍馬に批判的な本かと思われたかもしれないが、実情はまるで逆なのをお許しいただきたい。題名はいわゆる「ツリ」である。しかしそのような気持ちの方にこそ読んでいただきたい内容である。かなり専門的な話も含まれるので、難しそうなものは飛ばして読んでも構わない。ではゆるりとお楽しみ下さい。

「霧島山登山図」は龍馬の絵か？◎目次

第Ⅰ部　「霧島山登山図」は龍馬の絵か？

「近時新聞」

桶町千葉道場の月謝

丹波山国隊は慶応四年に因幡藩に属して戊辰戦争に参加した。隊の取締藤野斎《いつき》が記した『征東日誌』には几帳面だった彼の性格が反映されている。藤野斎は山国隊の金銭の出納をすべて司っていた。日誌には興味深い支出の記録が多々記されている。この記録に見える千葉道場関係の金銭支払いの記録を取り上げてみたい。

江戸城外堀にかかる鍛冶橋の外側に桶町千葉道場はあった。主人は因幡藩士の千葉重太郎である。そこに慶応四年の七月末から十一月（九月に明治改元）にかけて山国隊の隊員が十名余り撃剣指南を受けるため入門している。注意されるのは、龍馬のような単独での入門ではないことと山国隊員らはすべて剣術の初心者であったこと、因幡藩添屋敷からの通いの稽古であったことである。

慶応四年七月二十六日に道場に入門した際に藤野は「千葉道場へ入門ノ銘々ヲ引率シ、藤野・辻参向シ束修《そくしゅう》金子匹并《ならびに》二重繰台三本入扇ヲ進呈ス。之例ナリト」と記している。「これ例なりと」とあるように、あらかじめ千葉重太郎から聞いていたとおりに型どおりの入門謝礼が準備されたのである。「束修金子匹」とあるが「匹」は「一千疋」を略したものか。千疋は二両二分にあたる。これが最初の入学金「東修金」である。進呈した「二重繰台三本入扇」は入門時の謝礼の通例である扇子三本である（入門式は現在の結納に似るという）。

今も山国郷に残る藤野斎の「買物割付帳」には九月分の千葉道場への支払い記録が記されている。それには項目がふたつあって千葉道場への「祝儀」に二両、もうひとつの支出が「謝礼金」二両二分、合計四両二分であった。偶然かもしれないがこの月に千葉道場へ通った山国隊員は九名であったので、藤野は「一人ニ付金二分宛」と記している。二分×九人＝四両二分となる。この支出項目の後者「二両二分」分であるが『征東日誌』の九月九日に「千葉東一郎氏へ金一千疋ヲ謝議ス」という記述に合致する。すなわち道場で実際に隊員に稽古をつけた千葉東一郎（千葉家の一員か。まだ若いのであろう）に直接二両二分（一千疋）を渡したのだ。先生への謝礼である。それ以外に千葉道場そのものに「祝儀」（利用料）として二両を支払ったとみなされるのである。その二両を受け取ったのはあるいは千葉佐那かもしれない。謝礼金の支払いは各人ではなく隊の藤野がまとめて行っている。すなわち個人の任意の入門ではなく、山国隊の隊務として道場に通うことになっていたのであろう。

先にも述べたが団体での稽古であり、個人レッスンではない。たとえば五名ずつ隔日の稽古で、朝か夕方の一～二時間程度か。各人は月に十日余りは道場へ通ったであろう。ただし初心者コースである。この一人あたりの月謝が二分（一両の半分。一分金四枚が小判一両に相当）であることは妥当な金額ではなかろうか。

坂本龍馬が習ったとされる嘉永～安政年間の授業料がいくらかはこれでは分からないが、ひとつの目安にできよう。この「二分」という月謝がどれだけの金銭価値なのかは次の記述から推定してみたい。

藤野斎は慶応四年八月十一日に千葉重太郎に対して山国隊員一人につき「月割金四両許宛拝借」を要求している。月額四両の棒給を因幡藩に対して借用依頼しているのだ。すなわち月給四両である。慶応元年に長崎の亀山社中が各人月額三両二分を薩摩藩から得ていたこと（坂本龍馬手帳摘要）から見ても妥当な金額であろう。

慶応四年の一両が現在の金額でいくらなのかは難しい問題だが、仮に一両＝五万円で計算すれば、月給は四両＝二十万円、千葉道場の個人宛月謝が二分＝二万五千円、道場への祝儀二両＝十万円、先生への謝礼一千疋＝二両二分＝十二万五千円となる。そんなものであろう。ちなみに慶応義塾の幕末当時の入学金（束修金）は三両、月謝は二分であった

（『福翁自伝』）。

藤野の『征東日誌』の中には剣術の専門家である千葉重太郎に頼んでみつくろってもらった刀の値段が「六両二分」（三十二万五千円）だった、との記述もある。実用品としての日本刀が三十万円台というのも常識的な値段かと思われる。

明治二年に藤野斎が京都府に提出した「出兵中自費自弁之取調書」では山国隊関係の総支出が七千八百両にのぼったことが記される。三億九千万円にも及ぶ大事業であった。しかし約半分が借金として残り、以後その負担が山国郷に重くのしかかった。広大な山林を隣接する広河原村に売却したりしているのである。金銭から見た戊辰戦争の一面である。

〔参考文献〕　藤野斎著『征東日誌――丹波山国農兵隊日誌――』（国書刊行会、昭和五十五年）
宮川禎一「山国隊と千葉重太郎」『歴史読本』平成二十一年九月号、新人物往来社

【追記】

京都龍馬会の『近時新聞』創刊第一号に寄せた文章がこの「桶町千葉道場の月謝」であった。読み直せば手を入れたくなる部分も多いが、ある段階の筆者の認識なのでそのま

ま掲載した。この頃山国隊の記録から千葉道場や千葉重太郎を調べていたのだ。

本書で頻出する千葉一族関係者を調べるきっかけは博物館によく来る美術出版社の藤野さんという営業の方にある。ある日「実は私の先祖も幕末史に関係あります」などと筆者に言ったのだ。そこで聞いた「藤野斎」の名前を最初は全く知らなかった。藤野さんに貸してもらったいくつかの山国隊関係の書籍に正直あまり興味が持てなかったのだが、藤野斎の『征東日誌』の記述の中に千葉重太郎が多々登場するので驚いて読み込んだのだ。有名な「桶町千葉道場」の様子が記されている。藤野斎と千葉重太郎の交わりについては『歴史読本』（平成二十一年九月号）の「山国隊と千葉重太郎」に記したので参照されたい。本稿はその余談だ。

この藤野斎の記録からは慶応四年（明治元年）当時の金銭感覚を知ることができる。山国隊は驚くべきことに戊辰戦争に「自費で」参加していたのである。ために藤野の記録には金銭に関する悩みが満ちている。千葉重太郎にも度々借金を申し込んでいるのだ。

余談の余談だが、京都市右京区京北町出身の方が「息子たちは剣道をしていました」とおっしゃっていた。「それはもとをたどれば北辰一刀流ですね」が筆者の返事だ。藤野斎らは明治二年に郷里山国へ凱旋した後も山国隊を全面解散したのではなく、一朝事あらば再開するつもりで定期的に調練していたのだ。そして西南戦争にも参加を希望したのだ（却下されたが）。その名残りが現在の山国地域の剣道なのである。

この藤野斎が上七軒の芸妓牧野やなに産ませた子供のひとりが京都映画界の祖牧野省三である。その後裔は現在の芸能界の一部を形成しているのも興味深い。

「近時新聞」第一号（平成二十一年九月一日）

「霧島山登山図」は龍馬の絵か？

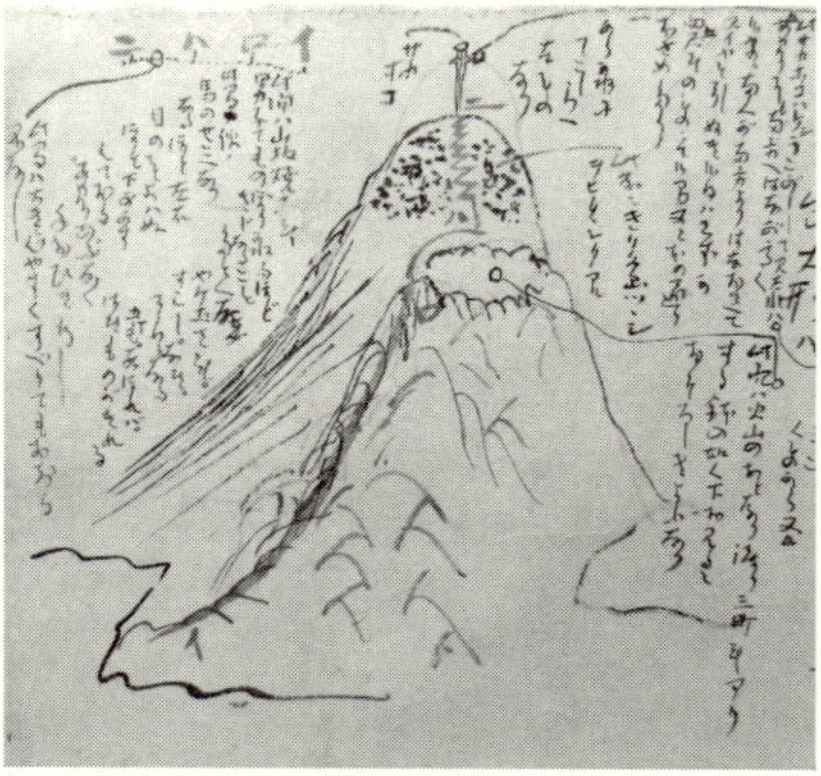

「霧島山登山図」（慶応二年十二月四日姉乙女あて〈部分〉、重文、京都国立博物館蔵）

慶応二年十二月四日に長崎に居た坂本龍馬が土佐の姉乙女へ書き送った手紙が現存している。京都国立博物館が所蔵し、国の重要文化財に指定されているものだ。

この手紙の見所は慶応二年の三月末に霧島山の高千穂峰に龍馬とおりょうが二人して登った様子を絵入りで知らせた部分であろう。「霧島山登山図」としてとても有名なこの絵は「実は龍馬の絵ではないのではないか？」というのが本稿のテーマである。もちろん龍馬がこの山の図を描いたのは間違いない。しかしこの絵にはもとになる絵が別にあって、龍馬はそれを写したのではないかと筆者は考えている。

龍馬の絵心を良く示す絵だとは一般的な評価であるし、筆者もそのような説明を繰り返してきた。また坂本直行という日高山脈の風景油絵を得意とした子孫があることも「画才が遺伝したのか？」と考えると納得もされよう。しかしながらこの「霧島山登山図」を仔細に眺めてみれば、果たして龍馬のオリジナルの絵であろうかとの疑問が湧いてくる。

筆者が最初に気付いたのは長崎の亀山社中記念館の中である。平成二十一年の八月一日に一般公開を開始したこの新装の記念館では地元長崎の解説ボランティアの方が来館者に龍馬と亀山社中についての丁寧な説明をされている。そのおひとりが龍馬のこの「霧島山登山図」の手紙（記念館内にレプリカが展示されている）を説明するために補助資料として持っていたコピーに驚いたのだ。そこには詳細な天逆鉾《あまのさかほこ》の図が描かれていた。その絵は天逆鉾の正面と側面を大きく正確にスケッチしたものである。この絵の特徴はその細部描写に優れていることである。龍馬は「霧島山登山図」の右側に小さく天逆鉾のイラストを描いているが、大きさの差こそあれ、ボランティアの方が説明用に持っていた絵図面と形や左右の配置状態が一致していたのだ。龍馬はこの天逆鉾の絵を見たのではなかろうか。

その絵を描いた絵師の名は木下逸雲。幕末長崎の著名な南画家である。逸雲は寛政十二年に生まれ、慶応二年に没した（一八〇〇―一八六六）。南画以外も多芸多才で亀山焼の絵付を行ったことでも知られている。すなわち亀山社中にも少しゆかりのある人物だ。この木下逸雲の文政十一年（一八二八）作品に「霧島紀行和文 并《ならびに》 逆鉾真図巻」という巻物

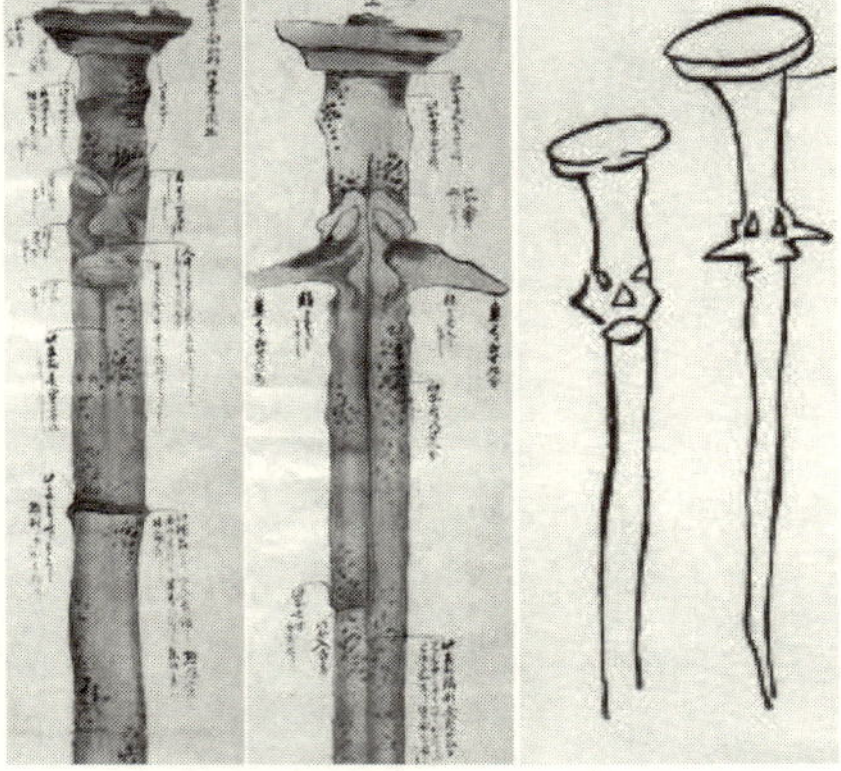

右　龍馬筆（慶応二年十二月四日姉乙女あて、京都国立博物館蔵）、左　木下逸雲筆（霧島紀行和文并逆鉾真図巻、長崎歴史文化博物館蔵）

があり、そこに天逆鉾図が描かれているというのである。

なんと魅力的な作品名だろう。きっとこの巻物には霧島山の絵が描いてあって、それを龍馬が手紙に写したに違いないと筆者は早合点していたのだ。しかし長崎市が所有する木下逸雲の「霧島紀行和文并逆鉾真図巻」の実物にあたって調べていただいた長崎の研究者からは「天逆鉾の絵は有りますが、龍馬の霧島山の絵に類似した山の絵は描かれていません」とのお返事だったので正直がっかりした。

しかし龍馬の「霧島山登山図」をよく見ればこれが尋常な絵ではないことは分かる。山の麓からは決してこのようには見えないのだ。自分が登った山は描けないものである。この絵は明らかに霧島山の北西側にある中岳の頂上付近から見たものだ。そうでなければよほど空間認識能力の高い人の絵ということになる。たとえば雪舟の国宝「天橋立図」が日本海の上空から見おろした視点で描かれているようなものだ。すなわち龍馬はとても絵心があるという話に戻るのだが、それはどうだろうか。

龍馬が直接この「霧島山登山図」を描いたとするならば、三月末の登山の時に自分のスケッチ帳にこの山の絵を描いておき、十二月四日に乙女あての手紙を書く際にそのスケッチ帳を取り出して手紙に写したということになる。あるいはとても記憶力が良くて半年以上経った後でも山の形を鮮明に記憶していてそれを思い出して描いたということかもしれない。しかしこのふたつではなく、筆者は第三の道を考えたい。

木下逸雲は文政十一年に実際に霧島山の高千穂峰に登って「天逆鉾図」を描き、紀行文を添えている。画家の性分として「霧島山の絵」を描かなかったとは思えない。

筆者の想像だが、この木下逸雲の描いた「霧島山真景図」という画幅が長崎の小曽根英四郎邸の床の間に掛かっていて、それを見ながら龍馬はこの乙女姉さんあての手紙に「霧島山図」を描き写したのではなかろうか。そうである可能性は高いように思う。

しかし残念ながら現在の小曽根家にも長崎市の主要な美術館や博物館にも筆者の推測した「霧島山真景図」は残っていない。今後の探索で出てくるか、失われたか、あるいはそもそもそんな絵はなかったのか、おおいに興味の残るところである。長崎方面の方々、加えて鹿児島方面の方々には私の度々の問い合わせの電話でご迷惑をおかけした。歴史の検証作業の一部であることをご理解いただきご容赦をお願いする次第である。

余談だが、この慶応二年十二月四日に龍馬が長い手紙を故郷の坂本家に書き送った理由を筆者は「年末も近づいて、一年の出来事を兄姉に知らせようと思って書いた」との解釈をこれまで採っていた。しかし最近、長崎市の織田毅氏から「慶応二年十二月四日は父故坂本八平の命日（安政二年没）だから書いたのではないですか」との説を電話で聞いた。この織田説に筆者はおおいに賛成したい。

その日、龍馬は丸山に遊びに行くこともなく、小曽根邸で一日しおらしく故郷を思って手紙を書いたのであろう。土佐の坂本家からは「土佐に帰って法事に出ないか」との手紙が届いていたのかもしれない。この十二月四日は龍馬にとって特別な日だったのである。


【追記】

平成二十五年秋、長崎の小曽根家の現当主夫妻が博物館に来られる機会があった。そこで改めてこの木下逸雲の「霧島山真景図」（推定）が小曽根家に伝わっていないかを尋ねてみた。しかしながら「ありません」というお返事であった。


「近時新聞」第二号（平成二十二年二月一日）

ある姫君の生涯

筆者が千葉佐那について調べていた際、ひとりの姫君に個人的な興味を抱いた。その名前を正姫という。

千葉佐那は宇和島藩伊達家の記録「稿本藍山公記《らんざんこうき》」（安政三年分）の中に五箇所登場する。伊達家の正姫に剣術・薙刀などを指南する場面に「サナ」として現れている。彼女は宇和島伊達家の姫君の剣術指南役だったのだ。この正姫は七代藩主伊達宗紀《むねただ》公の七女で天保九年（一八三八）生まれというから千葉佐那とは同い年、安政三年（一八五六）当時は花も恥じらう十九歳であった。この姫君の話に少しばかりおつきあい願いたい。

正姫は伊達宗紀の正室の娘ではない。艶福家であった宗紀が国許宇和島の側室に産ませた娘である。ふたつ下に於節《おせつ》という妹も居る。また後に九代藩主となる宗徳《むねえ》は実の兄にあたるのだ。家系が少しややこしいが、賢侯とうたわれた八代藩主伊達宗城《むねなり》は宗紀と宗徳の間をつなぐ養子、すなわちピンチヒッターであった（伊達政宗の血統をひく旗本山口家から宇和島藩伊達家に養子に来た）。この宗城公の記録こそ「稿本藍山公記」なのである。

正姫は宗城の義理の妹である。この伊達宗紀・宗城は子沢山であったので、幕末期の諸藩と宇和島藩との姻戚関係は華やかであった。宇和島で側室の子として産まれた正姫もやがては「しかるべき大名家へ嫁ぐ」ことが宿命であったのだ。

正姫は天保十五年に七歳で宇和島から江戸へ引っ越した。他の大名家へお輿入れするに相応しい姫となるべく教育を施すために他ならない。

正姫は弘化四年（一八四七）、当時最先端医療であった「種痘」を蘭方医伊東玄朴から受けたと記録されている。その種痘は成功し、顔面のあばたが三つだけで済んだとの記載も見られる。龍馬の姪の春猪《はるい》があばた面であったことは有名だが、この時期、天然痘が大流行し、それに対する種痘の普及が急務であったことが分かる。

大名家の姫君の日々の暮らし。それは御屋敷に引きこもった堅苦しいものではないか？と想像されがちだ。しかし「藍山公記」には義母となった宗紀の正室とともにこの正姫が盛んに江戸の名所や神社仏閣などへ物見遊山にでかけた様子が記録されており、なかなか楽しそうである。また年中行事のたびの贈答品の交換や大家族ならではの団欒の様子も記録されている。江戸広尾の宗紀の御屋敷平面図には「正姫」の部屋の記載があり、とても大事に育てられていたことが分かる。

正姫には姫君としての学問教養の授業も課されていた。和歌の家庭教師として「老尼まゆ子」という先生が採用される経緯も「藍山公記」に見られる。お茶やお花・琴や和歌・書道など姫君としての教育がしっかりしていたことが窺えるのである。

この正姫の最大の特徴は安政三年に千葉定吉の娘佐那に剣術を習ったことであろう。薙刀や剣術は姫君教育の標準科目のひとつではあろうが、運動神経の良い正姫はこれを自ら積極的に習ったのではなかろうか。ただの軟弱なお姫様ではなかったようだ。この正姫の武芸の素質は佐那も認めていた。それは明治二十六年八月の千葉佐那の証言（「女学雑誌」等）に明らかである。佐那が教えた多くの大名家の子弟の中で唯一「予州伊達公の姫君政子」の名前を佐那自身が挙げたことからも推察されよう。千葉佐那はこの正姫に「免許皆伝した」とも語っている。さらに正姫は佐那から馬術も習い、大変得意だったらしい。彼女が広尾御屋敷の外庭で馬を颯爽と乗りこなしていたとの記述もある。とても活発な姫君だったのである。

この正姫は安政五年（安政の大獄で宗城は隠居し、宗徳の時代となる）に二十一歳で肥前島原藩主松平忠精《ただきよ》公にお輿入れした。宇和島藩の記録にはこの際持参する道具類（嫁入道具）の膨大なリストが残されていて、大名家の婚儀の大仰さを知ることができる。正姫は江戸の島原藩上屋敷に入ったのだが、その場所から彼女は「数寄屋橋奥方様」と呼ばれるようになる。しかしながら翌安政六年には夫松平忠精は参勤交代で戻った領国島原であっけなく病死してしまったのだ。正姫は二十代前半で寡婦となり「眞鏡院様」と呼ばれるようになった。なんと短い結婚生活であろうか。この正姫の不幸を慰めるために実家の伊達家では豪華な琴を製作させ、合わせて曲も作らせたという。それが山田流箏曲の名曲「松風」であると伝わっているのである。

正姫は明治四年、三十四歳まで生きた。彼女の墓は現在長崎県島原市の本光寺にある。寺には「竹に雀」の伊達家家紋を施した長持も残っているという。また宇和島伊達文化保存会には眞鏡尼の和歌短冊が残っているが、その文字は墨痕豊かな大胆な筆跡であり、優しい女性風の文字とはかけ離れている。彼女の性質をその書風がよく伝えているようである。

筆者の想像ではあるが、この正姫が生涯大事にしていたもののひとつが千葉佐那からもらった「北辰一刀流免状」だったのではなかろうか。それが今もなおどこかに保管されているならば……巻末に佐那のサインが見られるはずである。筆者はそれを現在探索中なのである。

（付記）この伊達家の正姫のことは宇和島市立伊達博物館の学芸員山口美和氏から多くをうかがった。記して謝意を表したい。（この正姫と千葉佐那との関わりは、宮川禎一「目撃された千葉佐那」『歴史読本』第五十五巻四号、新人物往来社、平成二十二年を参照のこと）

【追記】

こののち平成二十四年三月には長崎県島原市に松平家の菩提寺である本光寺を訪ね、正姫の墓にお参りした。戒名は「眞鏡院殿普曜無染大姉」。その際に寺の宝物殿で正姫が御輿入れした際の伊達家家紋入りの長持や什器も拝見した。さらに話を聞いていただいた御住職から、その場で東京にお住まいの松平家の御当主の方に電話していただき「正姫の遺品に北辰一刀流の免状があるかどうか」について聞いてもらったのだが「ないです」とのお返事であった。本稿でこだわった免状の探索もここまでである。

「近時新聞」第三号（平成二十二年六月一日）

千葉重太郎のその後

前号では千葉佐那に関わる伊達家の正姫について記した。今回は佐那の兄千葉重太郎の晩年の話である。重太郎が坂本龍馬の剣術の師であり、勝海舟との関わりも深いことは知られている。また慶応四年に桶町千葉道場で丹波山国隊員らに剣術を習うように重太郎が勧めたことも藤野斎の『征東日誌』に見える。

この千葉重太郎のその後だが、年表を見れば明治十八年に京都で没したとある。京都はわれわれのフィールドである。これは調べねばなるまい。彼は京都でいったい何をしていたのか？　それが本稿の主題である。

幕末の志士で明治時代に出世した人物は多い。一方、幕末期に名を残しながら維新後その消息が乏しい人物もいた。千葉重太郎はそのひとりかもしれない。因幡藩士だった千葉重太郎は戊辰戦争では官軍側に居たわけであるから維新後出世しても不思議ではない。『征東日誌』を読めば重太郎が実務会計の能力に長けた常識人であることが分かる。剣客のイメージが強いが、小説の登場人物的な評価であろう。彼の素性年齢からしても「龍馬と一緒に勝海舟を斬りに行った」などとは思えない。勝に龍馬を紹介することができたはずである。

また重太郎が冗談・滑稽話の好きな江戸っ子であったことも記録に見える。藤野の『征東日誌』や義理の息子である千葉束《つかね》の記述（紀州日高郡で重太郎の門弟二人が狸に化かされたという珍妙な噺）などに彼の面白さを窺うことができる。

維新後の重太郎の履歴だが、まずは開拓使出仕の件が重要だ。明治五年に北海道開拓使に権大主典《ごんだいしゅてん》として採用されている。最初は東京在勤であったようだ。明治八年には七重官《ななえかん》園《えん》在勤を命じられているので、実際に北海道での勤務を経ているらしい。その後、開拓使をいつ辞めたかがよく分からないが明治十年すぎのことであろう。この開拓使時代に重太郎がどのような仕事をしていたかは分かり難い。

筆者は先日札幌の北海道立文書館（旧北海道庁、赤煉瓦建物）で千葉重太郎の履歴書などを少しだけ調べたが、開拓使関係資料の膨大さに圧倒されて諦め気味である。名前があまり表に出てこないところを見ると北海道開拓の立案実行というような目立った役割ではなく、事務的な作業に従事していたのではなかろうか。

その後の経過もまだ充分に把握できていないが、開拓使辞職ののちおそらく明治十四年には京都府に呼ばれて京都へやってきたらしい。正確には京都府知事の北垣国道《きたがきくにみち》に呼ばれたのである。北垣国道は天保六年生まれであるから龍馬と同世代。因幡鳥取藩関係者（もとは但馬郷士）としては出世頭。北垣は桶町千葉道場とも関わっていたので重太郎は旧知の先輩である。この北垣知事が何のために自分より年長の千葉重太郎を京都に呼んだのかがポイントである。それは北垣が肝いりで設立した体育演武場の責任者を重太郎に任せるためであった。

体育演武場は現在の京都府庁の前、日赤病院のあたりに存在した盲唖院《もうあいん》の一角に建てられたもので、明治十五年一月に開所式が挙行された（京都府行政文書『府立學校沿革誌』「体育場沿革」）。京都市内の学生生徒に体育・武術を教える施設であり、有志の剣術家が練習をする施設でもあった。その体育演武場の取締（責任者）が千葉重太郎一胤であったのだ。月給二十円。

この京都府の体育演武場創設にはやや複雑な経緯があった。体育に於ける武術の導入問題という近代教育史的な問題である。実は北垣知事の前任である京都府知事は槇村正直《まきむらまさなお》というのだが、この槇村は有名な剣術反対論者であった。すなわち文明開化の明治の世に、前途有望な若者の頭を棒で殴るような野蛮な剣術は学問・進歩の妨げであるとの主張を持っていたのだ（京都府行政文書『明治十三年布令留』「撃剣技行ハ無用ニ付諭達之件」）。槇村知事は遷都後の京都の改革のために尽力したことで知られている。また伝統的な旧盆の諸行事を無駄だとして止めさせようともした。

一方後任の北垣国道知事は文部省が推進する西洋式体操ごときで大和民族の青少年が健全に育つわけがない、との考えから剣術や柔術を体育にとりいれようとし、京都府でそれを実践したのである。この北垣知事の「体育に武道を」という方針が明治政府の教育方針と異なることに関して当時の京都府議会で問題にもなっている。そのような反対論を懐柔するように体育演武場の使命は西洋式の体操と剣術・柔術の併用が基本だった。

この演武場の開所式には滋賀県令の籠手田安定《こてだやすさだ》もかけつけた。この珍しい苗字の滋賀県令はのちに新潟県知事なども歴任したが「撃剣知事」として有名な剣術賛成派であった。籠手田県令の剣術の師は北辰一刀流も学んだ山岡鉄舟であった。剣道を教育の正課に編入するように強く運動したのがこの籠手田だったのだ。北垣知事と籠手田県令とは剣術好きという点では一致していたが、例の琵琶湖疏水問題では背反する立場にあった。これが要因で籠手田は東京に戻され、明治十七年には滋賀県にあの中井弘がやってきたのだ。その後にようやく琵琶湖疎水の工事が軌道にのったのである。

話はそれたが、千葉重太郎は婿養子の千葉束（看守長・演武場では無給）とともにこの京都府体育演武場で一刀流を教えていたのだ。明治十六年十二月には東京の文部省体育伝習所において千葉重太郎は北垣知事とともに剣術の型を披露している。学校教育正課に剣術を導入すべしとの猛烈アピールのためである（結果は時期尚早として却下）。

明治十八年二月には京都府に千葉重太郎の辞表が出ている。体調を崩していたのだろう。明治十八年五月に重太郎は京都で没したのである。東京雑司ヶ谷霊園には千葉重太郎の墓が父定吉と並ぶように建立されている。重太郎の没後、京都を引き上げた千葉束によって造られたのだ。

いくつかのエピソードを記しておく。京都府体育演武場の記録に興味深い人物名が見える。重太郎の直属の部下に「渡辺篤」という名の剣術教師が居たのだ。月給十五円。この渡辺篤はもと京都見廻組に属し、龍馬暗殺の実行部隊に加わったとは晩年彼が語ったことである。歴史の持つ不思議な因縁であろう。明治十五年の体育演武場の講師控室で千葉重太郎と渡辺篤はいったいどのような会話をしたのだろうか？　歴史小説家ならば短編のひとつも書いてみたいような状況である。渡辺篤はのちに体育演武場の機能を引き継いだ京都一中（現洛北高校）の剣道教師を長く務めたのである。

また慶応四年に江戸で千葉重太郎と深く関わった山国隊の藤野斎は明治十年代には北桑田郡長を務めていた。明治十五年の演武場開所式には京都府の幹部の他に各郡長も臨席した、と記録にあるので藤野はこのとき重太郎と再会したはずだ。推測ではあるが二人は北野上七軒あたりで飲みながら戊辰戦争時の想い出話をしたかもしれない。

話は変わるが、札幌のシンボルである時計台は旧札幌農学校の施設であった。明治十一年に本体が建てられその数年後にあの米国製の時計が付加されたのである。建物の名前は「演武場」である。すなわち明治十五年の京都府「体育演武場」の名前はこの札幌農学校の演武場からきているのかもしれないのだ。残念ながら京都府体育演武場の建物の絵画や写真は今のところ見つかっていない。札幌の時計台のある建物のようなものだったのだろうか。

千葉重太郎が歴史に果たした役割。それは「龍馬に北辰一刀流を教えた」ということではなくて、江戸時代の剣術から近代スポーツとしての剣道への橋渡し役だった、という点ではなかろうか。明治十五〜十七年頃に京都府庁の前で聞こえた竹刀の響きこそ「近代剣道」の産声だったと考えられるのである。

【追記】

千葉重太郎が晩年京都に居たことは京都人として面白いことだ。北垣国道知事の人脈の中で捉えられる話のようである。この明治十年代後半の『京都府官員録』（京都府立総合資料館蔵）を見ると出身地が鳥取である者、すなわち旧因幡藩士が目立つように思われる。知事とその出身藩士という縁故による官吏採用がまだまだ当然であった時代だったようだ。

この時期、剣道のことも調べていた。剣術が撃剣となり剣道になっていく過程もまた歴史研究の対象になるものだ。全日本剣道連盟編集発行『剣道の歴史』（平成十五年）などを参照した。

「近時新聞」第四号（平成二十二年九月一日）

龍馬という名前

ひとは物心ついた時から自分に名前があることに慣れている。他人に名字や名前があり、自分にも姓名があることを素直に受け入れていて、小さい頃は疑問を持たないものだ。しかし成長のある段階で自分の名前はどうしてこうなのか？　両親に尋ねてはみないだろうか。一郎や宏など一般的な名前ならあまり疑問は持たないだろうが、たとえば「龍馬」だったらどうだろう。

そんな普通でない名前を持ったのが坂本龍馬である。龍馬の名前を父がなぜ付けたのか？　その由来はなんなのか？　龍馬は自分の名前に疑問を持たなかったのか？　それが本稿の主題である。

ものの本には坂本龍馬の名前の由来が書いてある。その最古はおそらく坂崎紫瀾の『汗血千里駒』（明治十六年）であろう。それには「生まれながらにして其背にいと怪しき産毛はへて〜」「（又一説に龍馬の名は其生るゝ前夜に当りて母が庭なる梅の梢より蛟龍昇天する夢みたる吉瑞に取れるものなりとか）実にさる理のあるものにや暫く聞くがまゝに記して世の博識家の判断を仰ぐべし」と記している。

坂崎は明治十年代、土佐の坂本家とは交流があり、坂本直寛とも知りあいだった。その坂崎がこのような書き方をしているからは坂本家での伝来がそうであった可能性が高い。しかし「権平」なら疑問が少ないが、「龍馬」なら研究者として一度はその由来を考えてみたいところだ。

司馬遼太郎は土佐の名前の特徴として龍馬の姪の「春猪」や土佐藩参政の「後藤象二郎」、池田屋騒動の「望月亀弥太」など人名に動物の名を取り入れたものが多いことを指摘し、龍馬の名もその一連の系譜に含まれるという意味の文章を書いている。動物の生命力を名前に込めて健全な成長を願ったとの解釈である。

実際、百九十名余の土佐勤王党員名簿を一瞥すれば、名前の一部になんらかの動物名が入っている例が四十一人にも及ぶことが分かる。分母を百九十二名とすると、全体の二十一パーセントにのぼる。中には「猪之助」や「兎之助」「辰弥」など生まれ年の干支がその命名理由と推定される名前も見える。しかし実際は終わりが「馬」である名前が圧倒的に多いのだ。

龍馬以外では「哲馬」「保馬」「菊馬」「省馬」「駿馬」「五郎馬」「覚馬」「兼馬」「平馬」「安馬」「権馬」「鉄馬」「左喜馬」「清馬」「広馬」「左右馬」「牛馬」「蜂馬」「盛馬」「多司

馬」「喜代馬」「金馬」「滝馬」「幾馬」（重複同名あり）などである。龍馬を含めて三十名も居た。これだけ馬の付く名の同志が居れば「龍馬」は別に変わった名前とは言えない。他藩との比較はできないが、土佐のこの時期の（天保生まれの）命名の流行としても良いのではなかろうか。長州藩士には居そうにない名前である。兄の「権平」は一世代上の命名か。そう見れば「龍馬」は別に大それた特別な名前ではなく、天保年間当時の土佐ではやりの命名だったと言えそうだ。

筆者は以前にこの「龍馬」の名前は十返舎一九の滑稽本『東海道中膝栗毛』から来ているのでは？と述べたことがある。文化十一年（一八一四）刊版の「序文」に龍馬が出てくるのだ。弥次喜多の名前が今はとても有名だ、とする一節である。「弥次郎兵衛喜多八の称、異國の龍馬にひとしく、千里の外に轟きたれば～」とある。膝栗毛とは徒歩旅行のことなので、その「東海道中膝栗毛」の評判の高さ、広まりの速さを異国の駿馬にたとえた表現である。ベストセラーだったのでこの序文に「龍馬」が出てくることは江戸時代後期にはひろく知られていたのではなかろうか。

あるいは父八平はこれを読んで「龍馬」の名を末っ子に付けたのでは？と筆者は考えていたのである。しかしながら日本の古典にはもっと古く「龍馬」は出現しており、それを坂本龍馬も読んで知っていたことを最近認識した。

＊

龍馬の名前が出てくる古典、それは『太平記』である。鎌倉末期から建武の新政、そして南北朝の動乱期を記した歴史物語で、その平和な題名とはうらはらの果てしない戦乱の物語である。この『太平記』巻十三の冒頭が「龍馬進奏事」である。話の前半を要約すると、「鎌倉幕府が倒れ、建武の新政がはじまった頃、帝（後醍醐天皇）に出雲の佐々木塩冶判官高貞が一頭の月毛の駿馬（龍馬）を献上した。筋骨隆々たる見事な馬であり、首は鶏のように細く、たてがみは膝より垂れ下がり、背は龍のようで、そこに四十二の毛の渦巻きが見られた。耳はピンと立ち、目は鈴のように円い。出雲を朝に出発して夕方には京都に到着したほどの俊足である。この馬を献上された帝は大変喜ばれた」とある。

この部分だけを読めば「龍馬」は素晴らしい馬ということになる。後醍醐帝にこの馬の感想を聞かれた内大臣洞院公賢も中国の故事を引いて「この馬が現れたのは皇位の永く栄える吉兆でございましょう」と答えたのだ。

しかしながら話はこれで終わらない。その続きは万里小路《までのこうじ》中納言藤房の諫言へと続く。

藤房は後醍醐帝に「漢の故事では『千里をゆく馬』は決して吉兆とされていません。政道が正しく行われ、世が平安な時には千里をゆく馬などはそもそも不要です（不正が多く無秩序な建武の新政への批判）。この奇異の馬（龍馬）は再びの戦乱の予兆でありませんか」と述べて帝の不興を買ったのである。

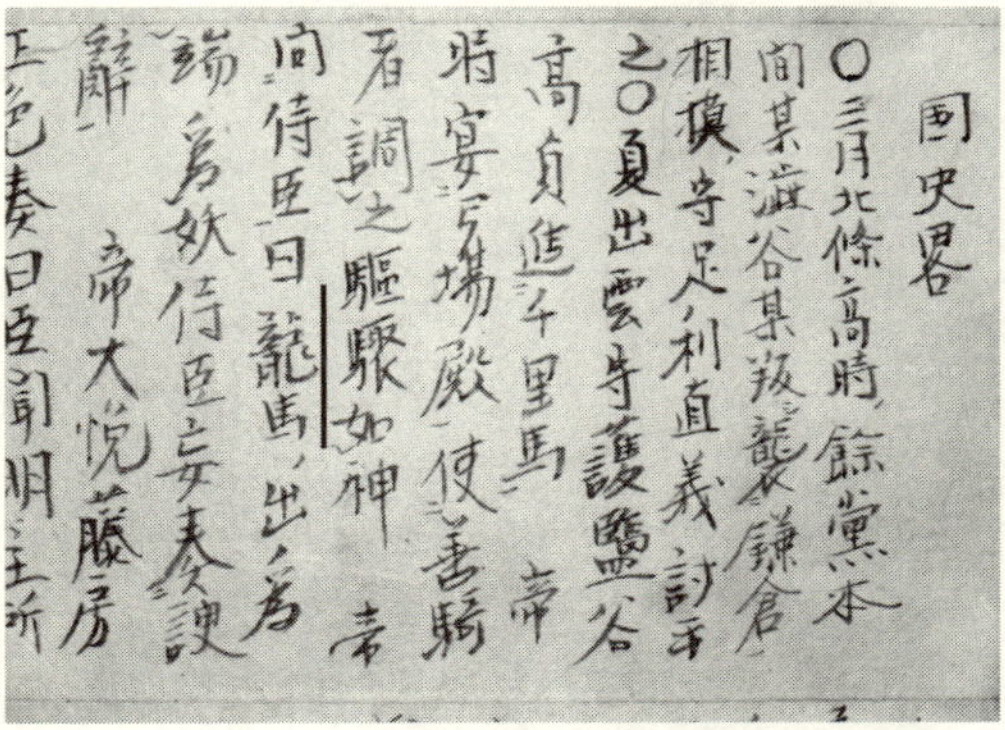
国史略
○三月北條高時餘黨本
間某澁谷某襲鎌倉
相模守足利直義討平
之○夏出雲守護鹽谷
高貞進千里馬 帝
将宴場殿使善騎
者調之驅驟如神 帝
問侍臣曰龍馬出爲
瑞爲妖侍臣妄奏諛
辭 帝大悦藤房
正色奏曰臣聞明主所

龍馬の文字が書かれた『国史略』（『雄魂姓名録』〈部分〉、京都国立博物館蔵）

太平記の記載に出てくる佐々木高貞の献上した「龍馬」は建武新政の瓦解を予測した不吉な前兆とされたのである。

実は坂本龍馬がこの太平記の故事を実際に認識していたという証拠が存在する。その記録は京都国立博物館所蔵の重要文化財坂本龍馬関係資料のうち『雄魂姓名録』と呼ばれる龍馬・海援隊士の手になる雑記帳の記載の一部である。『国史略』と題された漢文体の記述がまさにこの太平記の一節なのである。岩垣松苗が編纂した『国史略』は文政九年に出版された簡易な編年体の日本史の本

である。その後醍醐天皇条にこの「龍馬進奏事」が記載されている。その読み下しは、

「夏、出雲の守護塩谷高貞千里の馬を進む。帝時に弓場殿に宴し、善く騎る者をして之を調せしむ。駆驟神の如し。帝侍臣に問うて曰く、龍馬の出づる、瑞と為すか妖と為すかと。侍臣妄に諛辞を奏す。帝大に悦ぶ。藤房色を正し奏して曰く、臣聞く、明主の瑞とする所の者は人才なり。奇異の物は瑞とする所に非ず。在昔周穆は八駿西巡して徐戎反乱す。漢文及び光武の時、倶に千里の馬を進む。二君受けず。蓋し天子の出づる、鹵簿儀衛自ら程式あり。千里の馬は用いる所に非ず（後略）。」

坂本龍馬は自身の名前がいかなる由来を持つのかを『国史略』で調べて雑記帳に抜き書きしたのであろう。すなわち歴史的に見れば「龍馬」が決して幸運な名ではなく、時代の大きな変動の予兆となった不吉な馬の名前であることを坂本龍馬自身はおそらく後年、大人になってから認識したのではなかろうか。

先にも述べたように父坂本八平は当時土佐で流行していた「〜馬」という名前を末っ子に付けた。決してこのような不吉な意味を知っていて付けたわけではないだろう。「我が

子よ、強く逞しく育て」との親心から命名したに違いない。しかしながら歴史の結果は、古典『太平記』の意味のとおり、坂本龍馬は幕末の風雲に深く関わることになったのだ。名前の持つ不思議な力である。

【追記】

名前に「～馬」が付く人物が土佐に限られていたわけではない。会津藩士に「山本覚馬」「梶原平馬」、因幡藩士に「河田佐久馬」、長崎に写真師「上野彦馬」らが居る。

なお万里小路中納言藤房という人物が江戸時代には日本三忠臣のひとりに数えられ、ひそかに崇敬されていたという事象はまことに興味深い。いつの時代にもお殿様や社長に直言したくてもできない人が居て、藤房の後醍醐帝への直言に心の中で喝采を送っていたのであろう。歴史上の人物で誰を尊敬しますか？という質問の答えがその人の内面を表すのである。

「近時新聞」第五号（平成二十二年十二月十五日）

ギザギザの日本刀

時代劇にチャンバラ（殺陣）は付きものだが、もちろん演出である。実際に日本刀で斬り結ぶと刀はどうなるのか？　幕末維新期に多く起きた日本刀での戦い。その結果、刃毀《はこぼ》れを起こしてギザギザとなった刀や折損した刀が数多くあったはずだ。そんな刀のほぼすべては打ち直されるか、研ぎ直されるか、廃棄・再利用されるかして原状を留めない。

ところが京都国立博物館にはそんな激しい斬り合いを伝える日本刀が一振伝わっている。旧所蔵者の名前は中井弘《ひろむ》。事件は慶応四年二月三十日（西暦一八六八年三月二十三日）、京都祇園の三条縄手《なわて》下ル（大和大路通）の路上で起きたパークス襲撃事件（通称、縄手事件）である。この事件に際して中井弘が戦った刀が現存しているのだ。今回はその日本刀にまつわる話である。

慶応三年末に成立した京都の新政府はまさに幼児であった。慶応四年正月三日にはじまった鳥羽伏見の戦いには勝利し、時流は新政府に向いてはいたのだが、実態は未だ危ういものであった。この維新政府を揺るがした大問題のひとつがこの縄手事件であったのだ。

事件は京都御所に参内し、帝（明治天皇）に拝謁しようとした英国公使ハリー・パークス一行に降りかかったものである。天皇が西洋の使節と直接会見することは歴史上かつてないことであった。新政府が「攘夷」の標語を捨てて欧米諸外国との親和政策をとることの表明でもあり、諸外国が新政府を支持する基盤ともなる重大な行為であった。

その日、知恩院の宿舎を出発したパークス一行はまず新橋通を西に向かった。行列は外交官ミットフォードや通訳のアーネスト・サトウを含め、英国の護衛兵や日本側の護衛兵などからなる大仰なものであった。日本側の先導者は後藤象二郎と中井弘であった。中井は外国事務局御用掛である。二人は騎乗し、中井が先導し後藤が後方を受け持っていた。物見高い京都人はこの英国公使一行をひと目見ようと人垣をなしていた。

行列が新橋通を右手に折れて縄手通を北上していた時、突然二人の日本人がこの行列に斬り込んできたのだ。林田貞堅（朱雀操《すざくみさお》）と三枝蓊《しげる》である。彼らは洋装の人物に誰彼なく斬りつけはじめたのだ。日本側の護衛兵らは役に立たなかった。その有様を目撃していたサトウは次のように記している。

「中井はそれを見るや馬から飛びおり、列の右手の男と渡り合ったが、相手（林田）は相当手ごわく、斬り合ううちに長い、だぶだぶした袴が足にからんで仰向きに倒れた。敵は中井の首をたたき斬ろうとしたが、中井はわずかに頭皮にかすり傷を受けただけで、危うく太刀さきをかわし、同時に刀の切先を相手の胸に突きさした。これにひるんだその男が背中を向けたとき、後藤（象二郎）が肩に一太刀あびせたので、そのまま地上にぶっ倒れた。そこへ中井が飛び起きてきて、首を打ち落とした。」（アーネスト・サトウ『一外交官の見た明治維新（下）』坂田精一訳、岩波文庫）

もうひとりの刺客三枝蓊は奮戦のあげく、英国の護衛兵にピストルで顎を撃たれて昏倒したところを捕縛された。公使のパークスは幸い無傷であったが、英国兵士ら十名ほどが重軽傷を負った。彼らは宿舎の知恩院に逃げ戻った。その宿舎には頭から血を流しながら中井がやって来た。そして討ち取った林田の生首を英国公使らに誇らしげに示したのである。「それは見るも恐ろしい形相をしていた」とサトウは記述している。

林田貞堅は山城国桂村出身で元小堀家家来、三枝の同志であった。その三枝は大和出身で天誅組にも参加した経歴を持つ。取り調べに「外夷が禁中を汚すことに耐えられなかった」と供述している。彼は三月四日に粟田口で処刑された。この二人はまさに「最後の攘夷の志士」であったのだ。二人の墓は現在霊山墓地にある。この事件の際、林田の生首の写真と処刑直前の三枝の暗い印象的な表情をした写真とが撮影された。京都国立博物館にはその紙焼きが残っているので、以前はこの刀と一緒に展示公開されたこともあったのであろう。

この時もし英国公使のパークスが死亡したり重傷を負ったりしていたならば、新政府への英国の支持はどうなっていただろうか。中井と後藤の俊敏果断な応戦のおかげで英国側の被害は最小限で止まったのである。結果的に日英関係の重大な局面は回避されたのだ。

中井弘は薩摩人。天保九年―明治二十七年。若くして薩摩藩を脱藩し（薩摩藩を脱藩するとは大胆な）、宇和島藩の情報部門を担当。土佐の後藤象二郎と親交を結び（あの後藤と気が合うとはまた不思議だ）、慶応二〜三年には半年ほど土佐藩の資金でロンドンに遊学した（この経験が外国事務局御用掛につながる）。帰国後、長崎で海援隊のイロハ丸事件処理にも関わった。さらに大政奉還にも深く関与していた。すなわち坂本龍馬とも交流があったはずだ。龍馬の手紙には登場しないが、佐々木高行の日記には記載される。中井は快活にして雄弁・大胆、才気煥発型の人間であったらしい。風流を解し、飲酒宴席も好きであった。愉快な逸話の多い人物である。維新直後には外国事務局などを経て、一時期、薩摩に帰国。明治四年の西郷の東上とともに政府に復帰。外務省や工部省に出仕。伊藤博文や井上馨などの長州系の人士との交友が深い。明治十七年からは滋賀県令。明治二十六年からは京都府知事を務めるも、明治二十七年に京都で病没。円山公園に銅像がある。あの近江屋の井口新助と個人的な親交があったことでも知られている。パークス襲撃事件での活躍は中井弘の人生のほんの一断面であった。琵琶湖疎水工事の推進など、日本の近代化に貢献した人物だと評価すべきであろう。

京都国立博物館には中井弘関連の刀がふたつ所蔵されている。ひとつがこの縄手事件の刀。もうひとつは明治元年冬に横浜で英国政府から褒美として贈呈された見事な金銀装のサーベルである。この洋刀にはパークスの礼状も付随している。このふたつの奇異な刀は中井の没後、明治三十六年に本田親雄と原敬の名前で京都帝室博物館に寄贈されたのだ。のちの総理大臣原敬は中井弘の娘婿なのである。

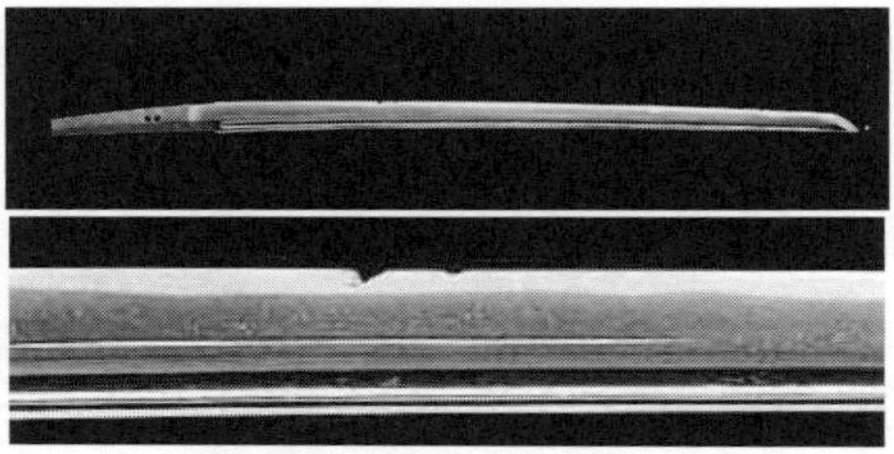
パークス襲撃事件に際して中井弘が使用した刃毀れのある日本刀(京都国立博物館蔵)

この中井弘が林田貞堅と戦った際の日本刀は平成十三年の京都国立博物館での特集陳列「坂本龍馬」において展示したことがある。刃長六十七・五センチ。無銘。その刃毀れ

（数えると八カ所程）した刀は来館者の印象に深く刻まれたようだ。日本刀での斬り合いがいかに凄惨なものかをよく伝えているのである。

現在では高名な古美術商が軒を連ねる大和大路三条下ルであるが、パークス襲撃事件の記憶を風化させてはならない。京都の維新史跡として石碑や案内看板（英語でも）の設置が必要な場所ではないだろうか。

【追記】

中井弘については書きたいことが多すぎるので、この第六号と次の第七号に続けた。彼の追悼録である『櫻洲山人の追憶』には中井が大久保利通を馬車の馭者にする話など抱腹絶倒の逸話が多々掲載されているが、さてそれらが本当の話なのかどうかを確かめることは難しい。盛られた話や法螺話も多そうだ。しかし交友の広い魅力的な人物であったらしい。器の大きな人物を器の小さい人間がはかりかねる一例だ。

なお、パークス襲撃事件に際して林田貞堅が用いた日本刀（銘兼元）が京都霊明神社に奉納されていたことが平成二十八年に確認された。こちらも刃毀れが顕著であった。

「近時新聞」第六号（平成二十三年三月十五日）

議会制度の草創

時は慶応三年十月。日本は混沌の中にあった。徳川幕府中心の政策決定システムがもう時代遅れであることは誰の目にも明らかであった。

坂本龍馬らが推進した「大政奉還策」の第一義は「武家が鎌倉時代以来担当していた政治の実権を京都の朝廷に返上する」というものである。大政奉還の前日、龍馬が二条城登城直前の後藤象二郎に出した手紙には「(建白書の他の部分はともかく)この際なんとしても政権返上だけは達成せねばならない」という意味の発破をかけている(慶応三年十月十三日付)。龍馬は革命の本質が幕府による政権返上にあると考えていたのだ。しかしながら大政奉還後の日本の政治システムをどうするのか?

土佐藩が幕閣に提出した大政奉還建白書には、この「政権の返上」に続いて「皇国之制度法則一切万機必京師之議政所より出ずべし。議政所上下を分ち、議政官者上公卿より下陪臣庶民に至る迄、正明純良之士を撰挙すべし」と記されていた。上下二院制の議会制度の提唱である。

しかしその当時の日本人が議会制度をどれほど理解していたかは疑問である。勝海舟や松平春嶽、福沢諭吉、西周など一部の開明的な人士は西洋諸国に「選挙で選ばれた議員によって議会をひらき国政を運営する」システムがあることを知っていた。しかしいったい誰が具体的な「議会の運営方法」を分かっていたのであろうか？

それを説明する責任は土佐藩の後藤象二郎にある。大政奉還の直後、諸藩の重役らはこぞって「後藤殿。議政所とはいったいどのようなものでござるか？」と聞いてきたはずだ。しかし後藤とて建白書に盛り込んだものの議会制度を充分に理解していたのだろうか？現実に大政奉還が達成された慶応三年十月の今、後藤は具体的で実現可能な「議政所」の説明をせねばならないのだ。

＊

幕末日本の政治情勢を克明に記録したのは英国外交団の一員であったアーネスト・サトウである。日本語の堪能なサトウは積極的に諸藩の有能な人士と交わり、混沌とした日本の情勢を正しく知ろうとした。サトウはのちに『一外交官の見た明治維新』を著し、この変革期の日本を英国人の目で記述した。大政奉還が建白されようとした慶応三年八月に、サトウは高知で山内容堂と後藤象二郎に会っている。この時の様子をサトウは「容堂と後藤は（中略）憲法や国会の機能、選挙制度などについて質問した。彼らの心底には明らかに、イギリスの憲法に似たものを制定しようという考えが深く根をおろしていた」と記している。後藤は直接イギリス人に英国議会や憲法の話を聞いたのだ。

さらに大政奉還の直後にサトウのもとを二人の日本人が訪れた。

大政奉還の知らせは江戸のサトウの家に届いたのだが、その直後、京都から後藤象二郎の書状を持った人間がやってきた。のちにサトウと深く交流することになる後藤休二郎こと中井弘（弘蔵）と海援隊文官の長岡謙吉であった。彼らは大政奉還建白書をサトウに見せたのだ。

「これらの提案の中で最も重要なことは、両院からなる議会の開設、主要都市に科学と文学の学校を設けること、諸外国と新条約の商議を行うことであった。彼らは私に議会の運用に関する詳細な知識を求めたが、私にはその知識がなかった。そこで、こんど開港のことで大坂へ行くから、その節、ミットフォードから議会の知識が得られるようにしてやると約束して、うまくその場をはずした」とサトウは記述している。

後藤象二郎（坂本龍馬も同腹）はこの時期「英国式の議会制度とその運用方法」について中井弘と長岡謙吉に命じて急いでサトウに訊ねに行かせたのである（まさに泥縄式だ）。

同じ頃、坂本龍馬の方は越前福井に三岡八郎を訪ねて、新政府の財政について助言を受けている。

サトウは約束どおり、西暦一八六七年十二月十六日（慶応三年十一月二十日、すなわち龍馬の死後）に大坂の土佐屋敷で中井の案内によって後藤象二郎に会っている。ひとしきりイカルス号事件に関する話をしたのち「容堂が新政府に提議したと言われる憲法のこと、特に容堂が設立を望んでいるという元老院について互いに論じあった」のである。さらに後藤はサトウに新政府で働かないかと打診している（断わられたが）。

薩摩藩と長州藩が武力討幕を目指して準備を重ねていたころ、土佐藩とその関係者は大政奉還建白書を基本とした新政府の構築（公議政体制）を目指して奔走していたのだ（龍馬は途中で脱落）。その中でも「議会制度」や「憲法」の調査と周知方は焦眉の急であったのだ。後藤象二郎の頑張りどころである。

＊

この議会開設を大政奉還建白書に盛り込むことを提案したのは坂本龍馬・長岡謙吉というよりは、英国帰りの中井弘であったと考えられる。彼は慶応二年十月から三年の前半にかけて土佐藩の資金でロンドン（中井が漢字で書くと「龍動」）に遊学し、英国の先進性と政治体制を見聞して帰国した。中井は五月に長崎で海援隊や龍馬と交流し、六月の京都での薩土盟約に関わった。そして大政奉還建白書の起草にも携わったようである。中井の著書『西洋紀行航海新説』には遊学中に見たイギリス議会のことが次のように記されている。「議政所は龍動河の傍に有り。毎年議政所の開くる其定日ありて、女王太子を始め一門の貴族、此に出て政度を議論す。盛んなるの極なり」

さらには今後の日本のありかたとして「海軍局は我朝の要道なり。此局を増築して世界に比類なき兵制を設くべし。大小学校を起し十歳より十八歳迄学校に入学し、各其材能の帰する処に従ひ其人を撰挙すべし」など、大政奉還建白書とほぼ同じ内容の記述を、すでに慶応三年四月の段階に、英国からの帰途の船上で記しているのである。

中井弘は大政奉還建白書の起草に関わっていたのだが、その原案は実際の建白書以上の内容だったようだ。それには「フランス人やイギリス人の語学教師を招聘し、イギリスから軍事教官を招き～」など極端な欧化政策が盛り込まれていた。さすがにこれは過激すぎるために削除されたという（中井がそうサトウに語っている）。慶応三年秋、中井が積極的に新政府の構想を提案していたことを十分に窺わせる。

龍馬の新政府綱領八策と土佐藩の大政奉還建白書とを比較すると、「上下議政所」など主要な部分は共通する。しかし「学校教育」は「建白書」にはあっても「八策」にはない。この微妙な差異が注意されるのだ。中井の発案なのであろうか。

このような中井弘による新国家システムの提案は歴史的に再評価されるべきであろう。中井弘が構想し提案した「議政所」は、戊辰戦争を経て、新政府内の葛藤や自由民権運動の興隆などさまざまな紆余曲折ののち、じつに明治二十三年に至って第一回帝国議会として結実したのである。政治制度の成熟には時間がかかるのだ。

中井は晩年「大革新の時代とは元亀天正の内乱にもあらず、明治維新の戦争にもあらず、若くは十年の役（西南戦争）にもあらず、即ち立憲政体なる今日の事を謂うなり」と、憲法発布と議会開設こそが日本の歴史上最大の変革（大革新）であると述べているのだ（『櫻洲山人席上演説』明治二十六年口述）。戦争ではなく「憲法と議会だ」とは幕末以来の中井の主張だが、生涯の念願と行動の結実だったのである。

前回のパークス襲撃事件とはまた別の中井弘再評価の一文である。

【追記】

英国人通訳アーネスト・サトウが記録してくれたおかげで日本の幕末史は豊かで鮮明である。サトウは中井弘を含め、出会った諸藩の有力者や大名など、いつだれがどのような発言をしたのか、その真意を考え、その人物の性格までを記述描写してくれたからだ。この時期の日本人はなかなかそんな写実的な文章を書けない。このパークス事件もそうだが当時の日本人には難しい情景描写だ。坂本龍馬が寺田屋での遭難事件を自分で描写した例（慶応二年十二月四日、坂本権平、家族一同あて書簡）が対抗できるくらいだろう。

さて国家モデルとしての「英国式」が幕末維新史に与えた影響は無視できない。最強国であった英国のシステムを当時の日本人が模倣しようとしたことは当然である。学ぶことはすなわち真似ることであり、恥ずべきことではない。

「近時新聞」第七号（平成二十三年七月一日）

新選組余談　――虎のはなし――

「乱暴者」の形容詞で歴史に名を残した人物はそんなに多くはないだろう。その代表例は浪士組筆頭局長の芹沢鴨ではなかろうか。

少し昔になるがＮＨＫの大河ドラマ『新選組！』（平成十六年）では佐藤浩市が芹沢を演じ、主役級の存在感を示した。そして近藤や土方らの成長のステップとして文久三年九月に壬生の八木邸で斬られるという役回りであった。

実際の芹沢鴨は商人からの強引な金銭取り立てや商家焼き打ち、花街での飲酒のうえでの乱暴、大坂での力士との乱闘事件など悪い評判にまみれている。しかしながら、ドラマでは心弱い人間の逆説的な行為だと表現されていた。芹沢がこのように取り上げられるのもヒール（悪役）として魅力ある人物だったからかもしれない。

芹沢鴨に関する遺品はほとんど残っていないようだ。そのため京都国立博物館での『特別陳列　新選組』（平成十五年）には直接的な資料は展示することができなかった。わずかに次の二件の資料を並べただけだ。まず島田魁が記した「新選組英名録」という隊士名簿（霊山歴史館蔵）。もうひとつは文久三年七月付の大坂の豪商鴻池善右衛門あての二百両分の金銭請取証（個人蔵）である。この証文の末尾に近藤勇と連名で芹沢の署名があった。証文には「尽忠報国の有志へ攘夷の武器料の為」と記されてはいるが、実際のところどうだったのであろうか（一説にあの隊服の代金となったとされるが）。

この芹沢鴨の乱暴の代表的なもののひとつに「大虎の見世物小屋の一件」がある。この話は史実というよりは子母澤寛の『新選組物語』という小説めいた話に載っているものである。

文久三年のこと、京都松原通烏丸因幡薬師の境内に見世物小屋が立った。生きた虎の他、オウムやインコなど南洋のカラフルな鳥もいて連日見物客で賑わったという。そのうち誰ともなしに「鳥があんなに綺麗なわけがない（色を塗ったに違いない）。虎も人間が虎の皮を被って動いているに違いない」などというような評判が立ったのだ。

それを聞きつけた芹沢は「ようし、この俺が虎の皮を被っているやつを痛めつけてやる。鳥は洗ってやる」とその見世物小屋に子分を連れて出かけることになったという。ここに芹沢鴨の単純な正義感がおおいに発揮されたわけである。

（ちなみに高島春雄の「猛獣渡来考」によれば「文政年間、三都を見世物になって回った虎があったが、それは猫を染めた偽物であったそうである」とあるので、芹沢の怒りにもそれなりの歴史的根拠はあったらしい。しかし猫を染めた虎とは……）

この時、八木源之丞の息子為三郎が下男を連れて同行したのでその様子をずっと後年、昭和六年に子母澤寛に語っている。

「如何にも大きな虎で、太い鉄棒のはまった檻の中で、あっちへ行ったりこっちへ来たり歩いている、わたしも子供心に、人間が虎の皮をかぶったにしてはなかなかうまい、本当に生きているようだと感心していました。芹沢はずかずかと、いきなりこの虎の檻の前へ行って、すうーッと刀を抜くと、これを虎の鼻先へ、えッ！といって突き出したものです。みんなが「あッ」と驚き騒ぐと同時に、虎は物凄い声で「うおう！」と耳も裂けるように吼えて芹沢をにらみました。流石の芹沢も、少しおどろいたようで、刀を、ぱちーんと鞘へ納めると、「これァ本物だよ」といって苦笑いをしたものです」

話はこの後もまだ続くのだが、オウムやインコはなんとか洗われずに済んだのである。

芹沢鴨が文久三年に京都の因幡薬師で驚かされたこの生きた虎は伊勢出身の興行師鳥屋熊吉の所有する虎であった可能性が高い。

＊

幕末から明治前半の興行師であった鳥屋熊吉（本名三田村熊吉。『新選組物語』では香具師新吉だが、熊吉と同一人物かは不明）は明治十八年のいわゆる「鳥熊芝居」で歌舞伎興行の革新を行ったことで知られている。その革新とは「値安芝居」「祝儀不要」「無料の茶接待」「無料の下足預かり」など旧来の慣行を破った大幅なサービス向上であった。その革新は一般大衆からはおおいに支持されたが、同業者からは嫌悪され、後世の評価は低いという。

この鳥屋熊吉の興行のルーツは、その通名にあるように幕末の「鳥の見世物」であったらしい。文久三年の四月には大坂難波新地でインコやオウムの見世物を六十四文で見せていたという。また同時期に「大生虎」も見せていたという記録がある。その見世物が京都にやってきたのであろう。オウムと虎の組み合わせは鳥屋熊吉の特徴である。芹沢鴨がひと騒動を起こした見世物はこの熊吉の興行だったのであろう。

明治十九年三月の読売新聞によれば「横浜港へ渡来した虎を鳥屋熊吉がすぐに金主から三百両で買い付け、香具師との悶着をくぐり抜けた末に、東海道をのぼって京、大坂をめぐり、のち江戸へもちだして大儲けした」とある。目端の利く、商魂たくましい人物だったのだろう。

この熊吉の虎は有名であったらしく、見世物の引札によれば「身の丈七尺」「目方七五貫」「日本の言葉を覚えて、言われたように立ったり座ったり、まわったり、手をだしたり」していたらしい。全長二・一メートル、体重二百八十キロもの大きさであった。熊吉はのちに象も手に入れて興行を続けた。

前川五嶺「近世珍話」(部分、京都国立博物館蔵)

＊

実は京都国立博物館の収蔵資料の中にこの動物見世物の様子を描いたものがある。「近世珍話」と題された三巻の小型絵巻だ。京都の絵師前川五嶺が元治から慶応年間にかけての京都の世相を描き、記述したものである。主に元治元年の蛤御門の変に際しての大火の様子が克明に描かれている。
この「近世珍話」の三巻目、慶応元年の項に象と虎の絵が描いてあり、次のような記述がある。

「今年唐土より象の子一匹と虎一匹京都へ来る。則ち寺町道場境内において諸人に見せけるに珍しきものにて、虎は鉄の牢箱に入りて不出。鉄の棒をさし入るとうなり声を出す。象はすなおにて口上言のあとに付舞台へ出、わらをやれバよくそろへはかまをさりて是を喰ふ。誠に鼻の自由成る事甚だ妙なり。背高さ九尺余。はなの長さ四尺余。虎は大きさ女牛の如し。」

物見高い京都人が象や虎の見世物につめかけて驚き騒いだ様子が目に浮かぶ。「近世珍話」に描かれたこの寺町道場境内（誓願寺旧境内地、すなわち京都中心部の繁華街、現在の新京極）での動物見世物も前回と同じく鳥屋熊吉の興行であった可能性が高い。そうするとここに描かれた虎こそ二年前の文久三年に芹沢鴨を心底驚かせた虎そのものではなかったか。

乱暴者として京洛に名を馳せた芹沢鴨も本物の虎には弱かったという話である。

【追記】

芹沢鴨のことはある意味とても興味深い。なぜこのような乱暴な人物が現在でも一定の人気を持っているのかだ。歴史上の人物の中でも特異な例ではなかろうか。新選組のドラマの登場人物として欠かせないキャラクターだからだろうか。皆の心の中に小さな芹沢鴨が居る、ということだろうか。芹沢のことをこのように書いておきながら不思議な感覚が今も拭いきれない。

「近時新聞」第八号（平成二十三年九月十五日）

榎村正直の明治維新

千葉重太郎のことなどを少々調べていた筆者にとって北辰一刀流剣術には深い親近感を覚える。大学の授業などでは畏れ多くも千葉周作先生の剣術奥義などを講義の枕に使わせてもらっているほどだ。

「気ははやく 心は静か 身は軽く 目は明らかに 業《わざ》は烈しく」

千葉周作が入門初心者に与えた北辰一刀流の教えである。もちろん剣術を習う際の心構えではあるが、学問もまた同じことであると学生には教えている。

「アイデアを思いついたらすぐ実行。しかしあくまでも冷静に。資料集めはフットワークをよく利かせ。周囲の研究状況にはよく目をくばり。論旨は明快にして結論は端的に」と。

筆者はもちろん文系であり、スポーツはテレビ観戦が専門であるが、今回は体育に関しての話題である。

明治を迎えた近代国家日本において北辰一刀流などの剣術はどうなったのか？　剣術から撃剣を経て剣道へと至る道筋にさまざまな紆余曲折があったことは推測されるのだが、

その一端を京都府に見てみたい。

初代長谷信篤のあとを受けて第二代京都府知事となったのは長州人の槇村正直であった。短い評伝などでは木戸孝允に近い人物で、遷都後の京都の近代化に努めたとされている。実際、小学校の設置や女工場、盲唖院の設立、勧業課の活動などに大きく貢献したのだ。

この槇村正直知事が実は大の撃剣反対論者であった。この『近時新聞』第四号「千葉重太郎のその後」でも少し触れたが、明治十三年に槇村が京都府内に布告した撃剣禁止令があるので以下に全文を引用してみよう。文章は長くない。フリガナは当時のまま。

「京都府布令書　明治十三年四月　第百七十五号
近来《このごろ》往々《まま》撃剣之技《けんじゅつのわざ》行《はやり》ハレ候処、右ハ文化之日《ひらけたるよ》ニ方リ巧《やくに》ヲ成《たたぬ》ス可キモノニ非ズ。却テ人心ヲ傲《おごり》慢《あなどり》過激《りきみつよく》ナラシムルヲ以テ、ヤヤモスレバ人ヲ傷《きずつけ》ヒ其身ヲ誤ルノ具トナリ易ク、諺《ことわざ》ニ曰フ、ナマ兵法《ひょうほう》ハ大疵《きず》ノ基《もと》ナリ。況《まして》ンヤ人身中ノ最モ大切ナル精神《たましひ》ノ府《やどる》タル脳髄《かしらのしん》ヲ擲《たた》キ、呼吸《いき》ノ原《もと》タル胸《むね》部或ハ咽喉《のど》顔《かほ》面等ヲ突衝《つきたて》シ、妄リニ身体ヲ飛躍《とびおどり》シ、短気息迫《いきぎれぜつなき》ノ苦痛《くるしみ》ヲ凌ギ、怒声《ちからごえ》ヲ發スル等甚ダ健康《すこやかなる》ニ大害《さわり》アリ。故ニ此ノ如キ有害ノ事ニ貴重《たつとき》ノ時日《ときどひ》ヲ費シ心志《こころ》ヲ苦シメ身体《からだ》ヲ労《つからし》センヨリ、寧《いつそ》ロ他ノ職業《しごと》ニ従事《つき》勉励《ほねおり》セバ只其一身一家ノ修斎《おさまりととのふ》ノミナラズ、汎ク国《くに》ノ益《ため》トナルベシ。各宜シク此意ヲ解了《さとり》シ方向ヲ誤ルコト勿レ。
右之通管内無洩諭達スル者也。
明治十三年四月廿八日
京都府知事　槇村正直」

この槇村の「撃剣禁止」の布令諭達は明治維新の思想の一面をよく表すものであろう。竹刀や木刀で頭を叩き、喉や胸を突く撃剣術は、傲慢の精神を生み、前途ある若者を傷付け、健康に悪く、文明の世には有害野蛮にして不要であるとの内容である。そのエネルギーを職業勉励に使えなどとは福沢諭吉的でもある（当の福沢は居合を嗜んだが）。

槇村が推し進めた維新はこの撃剣禁止令だけでない。京都の旧盆にともなう諸行事、たとえば五山の送り火なども迷信に基づくもので、無駄な出費だとして禁止していたのである（のち北垣知事時代に復活）。明治十年前後の京都府布令集を一瞥すると、明治政府からの指令を伝達するものに混じって、槇村知事の個性が表れた布令が見える。たとえば「現在、京都で水素ガスを充填した風船が流行っているが、爆発して危険なので禁止」とか「ドイツ製の玩具を輸入したので、小児教育の観点からこれを研究模倣すべし」などである。槇村正直の明治維新とは知事が主導する啓蒙的改革である。上からの文明開花だと言えよう。

明治十三年の槇村知事のこの撃剣禁止布令に対して、強烈な反対論が興ったことは明治十五年の「体育演武場沿革」（京都府政史料）に見える。

明治十四年の初めに槇村は東京の元老院へ転出し、代わって高知県から北垣国道が第三代京都府知事としてやって来た。この時期に北垣知事に提出された「体育演武場ノ設立ヲ必要トスル論」が実に面白い。

筆者は京都府師範学校教師の中川重兼である。その文章は長いので冒頭とその要旨を記してみよう。

「地質ヲ点検シ動物進化ノ痕跡ヲ探求セバ、現世地上ノ動物ハ皆悉ク前世動物ノ子孫苗裔ナラザルモノナキハ地層ノ紙面ニ記載セル化石ノ文字ヲ読過シテ知ルベキナリ。（中略）而シテ此変遷ノ間ニ一大自然ノ法律アリ、歴々トシテ見ルベシ曰ク弱者亡ビ強者興ルト。（中略）試ニ思ヘ羊能ク禮ヲ守ルモ終ニ狼ノ食タルヲ免レ得ルヤ、今ノ強大國ハ果シテ狼ノ心情ナキヤ（後略）」

この後も長々しいので要点をまとめると「現代の世界情勢を見れば国家もまた弱肉強食の時代であるので、万国公法を礼節よく遵守するだけでは強国に喰われるのも必然だ。だから精神と肉体を強くすることが急務なのであり、体育演武場の設立が必要なのだ。特に京都にはびこる長袖流、風雅を喜ぶ気風などはとんでもない。体育で身体を鍛え、死してその強大な髑髏《どくろ》を未来の化石として残すべきである」など、とても明治十四年とは思えない最先端の進化論（古生物学と民族興亡史とが混在しているが）を持ち出して体育、特に武道の必要性を強く説いている。

この文章からは古き良き江戸時代の剣術の復活などというノスタルジーは感じられない。槇村の撃剣不要論に対する激しい現代史的反論なのである。これもまた明治時代的な意見であろう。

北垣知事は明治十四年の後半には体育演武場の設立準備をはじめた。それには東京から千葉重太郎を京都に呼び寄せることも含んでいたのである。そして京都府庁前の盲唖院の一角に体育演武場は建設され、明治十五年一月八日に多くの来賓を迎えて華々しく開所式が行われたのだ。北垣知事は式辞で「教育には知育、徳育に加えて体育の向上が欠かせない。もしそれが驕慢《きょうまん》の風を助長するものとなるのであれば自分の責任だ」と述べたのである。

北垣国道の日記『塵海』には休日にこの演武場を訪れて剣術で汗を流したという短い記述が見られる。また京都府内の小中学校の視察記事には各学校の体育の教育状況についての記載も見られる。槇村が起こした京都府内の学校教育であるが、知識教育だけでなく「体育も不可欠」という考えで北垣は学校視察を重ねたのであろう。

近代教育における体育への武道採用の道はこのあたりからはじまったのである。現在の剣道関係者は北垣国道におおいに感謝すべきであろう。

槇村正直による上からの改革施策に対し、北垣国道の府政運営は民権重視的だったと評価されている。しかし、この正反対に見える二人の京都府知事のおかげで現在の京都府の基礎が作られたとされているのだ。剣道もまたそうであった。槇村の撃剣禁止布令が結果的には全く逆の作用をもたらしたのである。

話は変わるが、槇村時代の布令集の中に考古学に関するものがあった。明治十三年十二月四日第四百五十二号である。

宮内省からの通達だとして「古墳を猥りに発掘すべきではない。しかし自然風雨等のため石槨土器などが露出したならば詳細なる絵図面を製作して届けるように」とあるのだ。槇村時代の最後に近いこの布令がもとになって翌明治十四年五月に丹波亀岡稗田野《ひえだの》の石室古墳の出土品の作図と石室の調査が行われたのであろう（半井真澄が調査員、「伏見鳥羽戦争図」を描いた遠藤茂平が作画。宮川禎一「描かれた古墳出土品——明治十四年の発掘調査——」『学叢』第二十七号、京都国立博物館、平成十七年）。

それ以前にも古墳の不時発掘や土器鉄器などの出土はあったのだろうが、それを図面化して役所に届けよとの政府の通達がなければ、このような遺跡遺物の資料化が行われるとは考えられない。すなわちこの明治十三年末の布令（京都府内に限らないが）こそが日本の考古学の夜明けをもたらしたものだと評価されるのである。

「近時新聞」第九号（平成二十三年十二月十五日）

手紙の速度

龍馬の手紙の話をしていて、よく聞かれる質問は「幕末当時の手紙の郵送料はいくらぐらいなのですか？　江戸から土佐まで何日で届くのですか？　手紙はちゃんと届くのでしょうか？」などである。なるほどもっともな質問である。しかしきちんと答えられないのがもどかしい。

手紙の送料などは真面目な記録者なら日記などに記載するはずなので、どこかに有るだろう。しかし少なくとも坂本龍馬はそのような記述を全く残していない。手紙が何日で届くのかについては、有名な「霧島山登山図」が描かれた慶応二年十二月四日付の姉乙女あての手紙で少しだけ分かる。龍馬はこの手紙を長崎の小曽根英四郎邸で書いたのだが、それが土佐の実家に届いたのは「澄心斎記」とされる写本に同日付の兄権平・家族一同宛の手紙に関して「慶応三卯年正月下旬西国より来書状写」と記されているので、ひと月半はかかっている。現在の郵便事情とは異なるが、それにしても長崎から土佐への到達時間はかかりすぎのような気がする。すでに諸藩の蒸気船が走り回っている時期なのに。

こんな疑問をあちこちでしゃべっていたら、宇和島市立伊達博物館学芸員の山口氏から筆者の手元に資料が送られてきた。大変有難いことである。その資料とは幕末の宇和島伊達家のお殿様、伊達宗城公の記録『稿本藍山公記』（伊達文化保存協会蔵）にあるものである。さすがに記録のきちんとしたお殿様の家は違うものだと感心した。

その記録とは「嘉永四年御飛脚発着」という宇和島藩の記録、そして安政年間に江戸に居る伊達宗城にあてて国許の伊予宇和島に居る愛妾が出した手紙の書簡の日付を山口氏が調べてリスト化したものである。その一部を左に引用して検討を加えてみたい。まずは嘉永四年（一八五一）の「御飛脚発着」の一部である。

江戸発	大坂立	宇和島着
一月五日	一月二十五日	二月十日
二月七日	二月二十二日	三月二日
二月二十五日	三月十日	三月二十五日
三月七日	四月三日	四月十日
三月二十三日	四月十二日	四月二十三日
四月五日	四月二十一日	五月一日

四月二十七日	五月八日	五月十六日
五月九日	五月十九日	五月二十六日
（同日）	五月二十二日	六月三日
五月二十三日	六月八日	六月二十一日
六月七日	六月二十一日	七月二日
六月二十三日	七月六日	七月十八日
七月七日	七月二十二日	八月二日

（以下略）

このデータには宇和島発、大坂経由江戸着の記録もあるが、ほぼ同様なので省略する。このリストを見ると宇和島藩の公式な連絡手段として毎月二度、江戸から国許宇和島への定期便があったことが分かる。江戸の出発日が毎月六日前後の前半便と二十三日頃の後半便があったようだ。

江戸と大坂の間は東海道を徒歩出移動なのであろう。「大坂立」はその便の大坂への到着日を示すのではないので、江戸―大坂間の日程を正確に示していないが、おおよそ平均値で十五日ほどである。同じ嘉永四年の宇和島発―大坂立―江戸着の反対方向の日付を見ると大坂―江戸間は平均十日であるので、江戸―大坂間は東海道を徒歩などで十日間ほどと見るのが正しいのであろう。

一方、大坂―宇和島間は瀬戸内海航路を使ったらしい。最短で七日間、最長では十五日間と日数にバラツキが大きいものの、こちらも平均十日間ほどである。このバラツキは風帆船ならではの日数なのであろう。大坂の宇和島藩屋敷での出航待ちや瀬戸内のいくつかの港湾などでの潮待ち風待ちの日数がその変動要因だと考えられる。

すべてを総合的に判断すると宇和島―大坂間が船便で平均約十日、瀬戸内の港と大坂の藩邸で五日ほどの調整日程、そして大坂―江戸間が約十日の合計二十五日程度が平均的な宇和島―江戸間の片道日数であったようだ。もちろん江戸時代の旅は季節的な気象状況に左右されがちなので一定しないのもうなずける。

この宇和島藩の「御飛脚」は民間の郵便組織ではなく、宇和島藩士あるいは藩関係者が江戸藩邸と国許の宇和島藩庁との間を定期的に往復するものだったらしい。江戸と国許との人員交代などの機会に合わせ、公的・私的の複数の書状をまとめて運んだものなのであろう。肩に文箱を担いで街道を疾走するいわゆる「飛脚」とはイメージが違うようである。

もう一枚の日程リストの一部を掲げてみよう。これは安政三年の記録であるが、宇和島に居た宗城の愛妾栄《しげ》が江戸滞在中の伊達宗城にあてて手紙や地元の食料品などを頻繁に送っていた（なんと麗しい愛情だろうか）のだが、その宇和島発の日付と江戸到着の日付が山口氏によってリスト化されている。中継地である大坂での出発日は記載されていない。それなので下段には筆者の方で（日数）を計算して追記した。

宇和島発	江戸到着	（日数）
四月五日	四月二十五日	二十日
四月二十二日	五月十八日	二十六日
五月七日	六月二日	二十六日
六月五日	六月二十三日	十八日
六月二十日	七月九日	十九日
七月五日	七月二十七日	二十二日
八月十日	九月二日	二十三日
八月二十日	九月十五日	二十六日

九月五日	九月二十七日	二十二日
※九月十五日	十月二日	十七日
九月二十日	十月十一日	二十二日
十月五日	十月二十七日	二十二日
十月二十日	十一月十四日	二十五日

（以下略）

安政三年は伊達宗城が江戸広尾の御屋敷で千葉佐那を見た年であるので個人的には感慨深い年号である。

この表をよく見ると宇和島の出発日が月二度のほぼ一定であることが分かるであろう。これも定期便だと言える。藩の公用便に愛妾の手紙や荷物も託されていたのだ。

六月出発の二度の手紙が二十日を切って早く到着しているのは真夏の安定気候だったからであろう。昼間も長いので徒歩移動の距離もかせげたはずだ（冬は昼間が短いので逆に距離が伸びないだろう）。四月後半と五月の便が遅いのは梅雨だったから（大井川で足止め？）だろうか。また八月以降が遅くなるのは台風などの影響も考えられよう。年表を見ると安政三年八月二十五日に「江戸大風雨」とあるので関東地方を台風が直撃したのであろう。たしか江戸の宇和島藩邸も大きな被害を受けたという記録（藍山公記）があったはずである。八月二十日に宇和島を発った手紙が二十五日間もかかったのもこの台風のせいではなかろうか。その事情を考えると月二度という定期便の間隔を破って九月十五日（※印）に「別便」として宇和島を出発した飛脚は江戸藩邸での台風被害に関連してのものではなかったかと想像できるのだ。急ぎの便だったので十七日間で江戸に到着したのであろう。

＊

それにしてもなんと悠長なのだろうか。嘉永四年はペリー来航以前の泰平の世、安政三年は米国総領事ハリスが下田に着任した年である。幕末はまだ煮詰まっていない時期とは言え、江戸と宇和島の間での文書の伝達に二十日間からひと月弱もかかるとは。現在の慌ただしすぎる通信状況から見れば考えられない遅さである。徒歩と風帆船の時代ではしかたないのであろうが、江戸時代の歴史を考えるうえでこの「情報伝達の遅さ」は考慮すべきではなかろうか。江戸から土佐へと出した龍馬の手紙もやはり二十日間とかひと月とか、結構時間がかかったのであろう。土佐へ帰る友人知人などに実家への手紙を託すことが普通であったと想像される。

司馬遼太郎が小説『竜馬がゆく』の中で、蒸気船が盛んに情報と人員を運ぶ慶応年間頃の様子から「時勢の変化は意外に速いかもしれない」という意味の台詞を竜馬に言わせていたように記憶する。

慶応年間には幕府をはじめ薩摩藩や土佐藩などの西国諸藩が西洋蒸気船を積極的に購入運用するようになった。激しく変転する京都情勢を国許へ連絡するのにわずか数日という短時間で行われるようになったのだ。その結果が西国雄藩による「倒幕維新」だったのではなかろうか。瀬戸内海を走り回った蒸気船こそが幕末の歴史を主導したということができるのである。その一方で関東や北陸、東北地方の諸藩は通信速度という点では決定的に不利だったのである。


「近時新聞」第十号（平成二十四年四月一日）

寺田屋と隼人石

いささか旧聞に属する話ではあるが、伏見寺田屋の再建非再建問題が世間を賑わせたことを記憶する読者もおられるであろう。今から数年前のことである。博物館の筆者のもとにも週刊誌の記者から寺田屋登勢書簡の記載内容や鳥羽伏見戦災の瓦版のことで問い合わせがあったので個人的には記憶に新しい。

寺田屋登勢がおりょうに出した手紙には「此頃ハよそにかかり人に成、おもふにまかせず。内（家）もかり屋を立居申候ゆへ～」（書簡部分。慶応四年前半。井口新助旧蔵。京都国立博物館蔵）とあるので、これが鳥羽伏見戦争による戦火での寺田屋焼失の証拠とされる。

また数多い鳥羽伏見の戦いの瓦版では寺田屋のあった伏見街区南半は焼失区域の朱色が配されることが多いのだ（ただし瓦版の地図は現在的な見地からは不正確ではある）。

ずっと以前、筆者が幕末のことをよく知らない素人であった頃、知り合いを連れて寺田屋二階を案内した際に「ここが龍馬の泊まった部屋で……」などと物知り顔で解説していた記憶がある（思い出すと冷汗が出てきます）。

そもそも寺田屋再建の事実は明治三十九年当時の新聞に載っていることだ。その記事とは左のようなものである。

『読売新聞』明治三十九年五月二十九日
「四方八方　伏見寺田屋の再興
京都市伏見町京橋の寺田屋は明治維新の際阪本龍馬、有馬新七等の志士此所に泊し歴史上有名なるもこの後寺田屋伊助は大阪に移住し屋敷を継ぐものなかりしが今回京伏見合併問題の進捗せるにあたり前記伊助をして寺田屋を再興せしむる事となり、去廿四日午後五時より土地の有力者相集り開業式を挙げ楼上に阪本龍馬の遺墨、有馬新七の遺物を陳列し来會者の一覧に供したるが同日主人伊助は寺田屋旅館再興開業の挨拶として阪本龍馬等宿泊当時の状況を述べたり。」（『ヨミダス歴史館』で検索）

この記事を読めば、寺田屋再興（再建）のきっかけが伏見町と京都市との合併問題（実際の合併は昭和ひとけたに実現したのだが）にあったことが分かる。鉄道路線の発達で水運が不振に陥っていた伏見町の復興のシンボルだったのであろう。現在でもよくある「史跡整備で町おこし」にあたるのかもしれない。また明治三十九年は日露戦争勝利の翌年であり、秋には坂本・中岡両士の没後四十年の祭典が霊山で開催される予定でもあった。そのような気運が寺田屋再建を促したのであろう。

すなわち明治大正時代の人々は寺田屋が再建であることを当然知っていたのだ。しかしながら太平洋戦争を経て、昭和三十〜四十年代に至って（司馬遼太郎の『竜馬がゆく』などの影響もあって）徐々に「幕末に坂本龍馬の泊まった宿」へと変化していったのである。その変化は「なんとなく」であり「やや意図的に」でもあり「サービス」でもあったようだ。しかしそこには週刊誌の記者が思い描いたような過剰な「悪意」や「捏造」と呼べるものがあったとは筆者には思えないのだが、いかがであろうか（これに関しては意見を異にする方もいらっしゃるであろう）。

＊

同様の話が考古学のジャンルにもある。それは大阪府羽曳野市駒ヶ谷の杜本《もりもと》神社の社殿脇に立つ「隼人石」と呼ばれる線刻の人身獣面の石板である。この隼人石は砂岩の表面に複線で「子像」すなわち北を表す十二支の子を頭に持つ人身子面像なのである。ふるさびた神社境内に立っているのを見れば、はるか統一新羅時代の十二支像（慶州の古墓の周囲にめぐらされる十二体の人身獣面像）が想起され「これも飛鳥〜奈良時代の大陸文化の影響を表す古代の石像か。さすが河内飛鳥だなあ……」と思いたいところである。

しかしながらこの石像が実は江戸時代の作であることは少し地誌の類を調べれば分かることである。この石人は奈良県の奈保山古墓の石人像（これは奈良時代の石人とされている）の拓本をもとにしたものであった。そして上手な表現で石板に写し刻まれている。杜本神社の隼人石は江戸時代後期に新たに造られた石人であったのだ。製作させたのはこの杜本神社と一体であった金剛輪寺（現在は廃寺）の住職であった阿闍梨覚峰《あじゃりかくほう》（文化十二―享保十四）だとされている。覚峰は国学に造詣が深く、古物趣味を持ち、地元駒ヶ谷の村おこしさえ行った。万葉歌碑を街道沿いに造立配置して、大坂から大和へ向かう旅人が自分の金剛輪寺へ参拝するようにと促したのだ。また境内に藤原永手墓や清少納言墓、楠正成の塔まで造っている（秋里籬島著・竹原春朝斎画『河内名所図會』享和元年〈一八〇一〉刊参照）。

話は脱線するが、この河内の阿闍梨覚峰は一弦琴の復興者としても知られている。その弟子が伊予の真鍋豊平。そして真鍋の弟子が土佐の門田宇平なのである。ここらあたりで龍馬とのつながり（慶応元年九月九日付、池内蔵太家族宛の龍馬書簡に登場）が出て来るのだが、かなり遠い話ではある。ちなみに京都国立博物館にはこの河内金剛輪寺旧蔵とされる画文帯四仏四獣鏡（直径二十四センチもある五世紀頃の細密な大型鏡。重文。河内名所図會掲載）が所蔵されていて、その関連で覚峰を調べることとなったのが実情である。

さて、この「隼人石」については江戸時代末に編まれた『西国三十三所名所図會』（嘉永二年刊）の杜本神社の条には「神祠の下に左右に隼人の犬石とかや言ひ伝ふる者を建てたり。これは南都の元明帝の陵にある石の形を模したる者と見ゆ。後世好事の者の模製なるべし」と記されていた（『日本名所風俗図会一八』角川書店所収・挿図参照）。この「好事の者」こそが覚峰なのである。

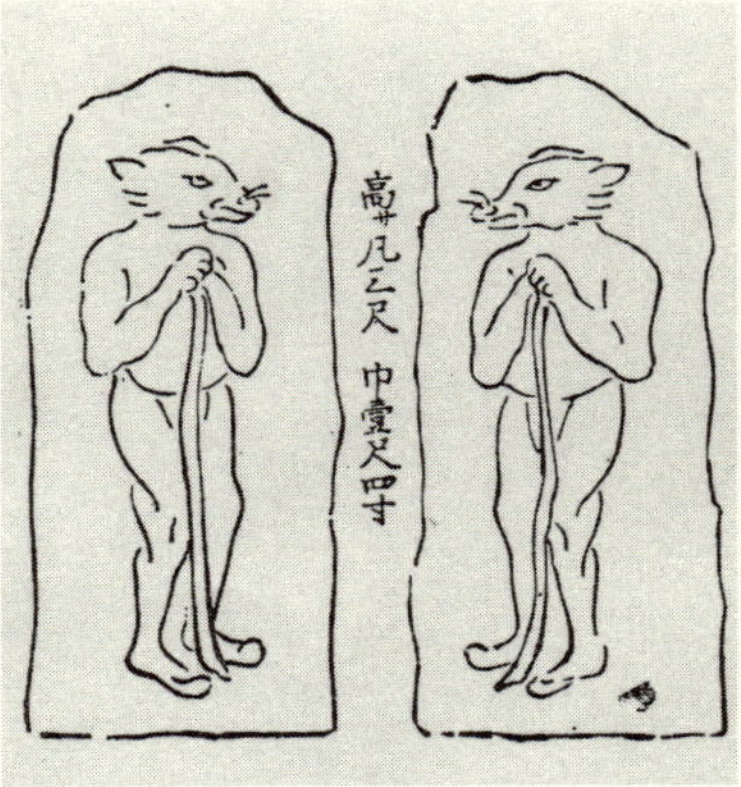

隼人石の「子像」（『西国三十三所名所図會』）

しかしながら、のちの昭和時代には複数の考古学者によって「隼人石」は、この地域が渡来文化の影響を受けた場所であることを示す飛鳥～奈良時代の貴重な遺物だと認識され、論文や概説書にそう記述されたこともあったのである。

造られた当時は誰もが最近の作と知っていたものが、やがてその様式だけから千年以上前の遺物とされた例である。

研究者は事象を疑り深く見なくてはいけないという二例である。たぶん他にもあるのであろう。村おこし町おこしを目指した史跡整備の功罪の「罪」の側面である。しかし歴史に夢とロマンを求める人々の心のひだに染み込みやすい話ではある。以て他山の石とすべきであろう。

「近時新聞」第十一号（平成二十四年七月十五日）

龍馬評価の東西性

少し以前のことだが、東京で労働組合の大会（小規模なものですが）があった。それが終わった後で、居酒屋で懇親会が開催されたのだが、その席での会話である。その女性は長らく東京の本部で組合書記として活動してこられたベテランの方で、典型的な江戸っ子なのか、歯切れの良い口調が特徴の気っ風の良い方であった。私が幕末や龍馬に詳しいこともよくご存知であったのだが、突然私に「坂本龍馬ってのは言われるほどは大した人物ではないのよね」とおっしゃったのが強く印象に残っている。そこで受けた感覚とは「東京人はあまり龍馬が好きではないのでは？」ということである。今回はその意味を考える文章である。

東京在住者にも熱烈な龍馬ファンはいらっしゃることは当然であろう。しかしながらどこか西日本のわれわれとは違う視点で幕末史を見ている方も多いようだ。それは歴史を見る地理的視点の問題であるらしい。

「過去の歴史を史料に基づいて冷静かつ客観的に見る」や「天上から神のごとき目線で歴史を見下ろす」などとは遠くかけ離れているのが地面にへばりついて生きる人間の本当

の姿である。「素人だから仕方ない」などと言い切れるほど研究者は冷静公平なのだろうか。幕末史の研究者とされる方々でさえ意識の底に自分の出身地びいきの感覚が潜んでいるように思われる。

筆者が坂本龍馬を「とても面白い人だ」などと強調するのは京都国立博物館で龍馬関係史料の担当者としてのひいき目が絶対入ってはいないと断言できるだろうか？（できません）。その逆に「坂本龍馬は大したことない」という意見もまた何かの視点や立脚点によっているのであろう。単に個人の評価の自由の問題だけなのだろうか？

九州出身で京都在住の筆者が思うに「東京人はもともと江戸幕府びいきであって、薩長同盟を成立させ大政奉還を仕掛けた坂本龍馬は本当は憎むべき反体制派だ」との意識が根底にあるのではないかということである。坂本龍馬が日本史上の偉大なヒーローであっては江戸・東京の沽券《こけん》に関わるし、自分の出身地の名誉を損じるからではなかろうか。

たとえば龍馬殺害犯が幕府見廻組だという定説を疑って、薩摩の西郷・大久保が武力倒幕を邪魔立てする龍馬を疎ましく思い、ひそかに潜伏先を幕府側に知らせるなどして殺害させたとする「薩摩藩黒幕説」（筆者はそんなことはないと思っていますが）が根強いのもどうも東京方面ではないかと感じるのだがいかがであろうか？　また「土佐の後藤象二郎も怪しい」などとは言いがかりの最たるものである。このように龍馬殺害犯の候補を複数並べたてることは一見学問的な公平性を装いつつも実は根深い陰険なやりかたなのである。暗殺犯の背景に薩摩や長州や土佐などの人物名を挙げて、それに傾く心根には「龍馬殺害犯が江戸幕府側の人間だと断定されるのはちょっと勘弁して……」という東日本人の意識が働いているらしい。

東京で作られる龍馬のドラマの最終回近くには、深刻な顔をした西郷や大久保が「坂本さんにはそろそろ消えてもらわないと」などというような剣呑な台詞を言わせて龍馬暗殺の暗い背景をほのめかす手法を良く見かけるのだが（かと言ってはっきりそうだと断定して描く勇気はなさそうだ）、そもそもそれは西郷に対してとても失礼なことではなかろうか。鹿児島県民もそのドラマを見ているであろうに。

「西郷吉之助はとても心の良い人なので〜」と龍馬は手紙（慶応二年十二月四日付乙女あて、京都国立博物館蔵）に書いているではないか。仮に西郷が暗殺の黒幕であるならば、龍馬は西郷の本性を見抜けないマヌケということとなる。また「敬天愛人」の西郷さんも腹黒い人間となる。この「薩摩藩黒幕説」は薩摩・長州・土佐など西国討幕派をまとめておとしめる絶好の「学説」なのである。西日本人から言わせればこれこそが東日本人の陰謀であろう（筆者が東日本人ならばまた逆の意見になるかもしれないのだが……）。

坂本龍馬は評価されすぎ、という意見そのものには一定の理解をするものだが、そのような意見のどこかには戊辰戦争の敗者側がやっかみ半分で龍馬の足を引っ張っているように筆者には聞こえるのだが穿ちすぎであろうか。「龍馬は本当は大した人物ではないのよね」という件の東京の方のご意見はそういう考えを受け入れたくなる素地が東京そのものにあることの表れである。『坂本龍馬はいなかった』というような驚くべき題名のアンチ龍馬本の需要が東京を含む東日本に一定程度あるように思われるのだ。

幕末史の研究者は文末に出身地や現住所をきちんと記載すべきであろう。「東北出身・東京在住」などと記したうえで「坂本龍馬は大したことない」などと書くのであれば「ああそういうことか」と読者も納得できるというものである。このように坂本龍馬の評価の高い低いは幕末維新当時の政治勢力の分布、日本の東西対立の現状を反映するものであるようだ。

このような東西対立はすなわち「日本史研究者の東西対立」でもある。山口県出身ならば長州維新史を研究したくなるし、京都に居れば朝廷中心史観であろう。そして関東在住ならば武士による鎌倉幕府の成立を研究テーマとしたいところである。地域に残る史料の近さもまたその要因と言えるだろう。

話はさらに脱線して邪馬台国の所在地問題へと移るのだが、九州出身で京都大学考古学研究室卒業の筆者はもちろん九州説ではなくて大和説に加担している（小林行雄先生の影響は今も強い）。一方、逆に東京方面の古代史好きの方々には九州説が多いというのもまた事実である。その根底には阪神ファンを苦々しく思う巨人ファンのような気持ちが隠れているように感じる。おそらく「関西に邪馬台国などやるものか。だから九州説」なのであろう。

すなわち現在の邪馬台国所在地論争は古代史ではなく、社会学の問題なのである。大学での講義ではよく「誰か卒業論文で邪馬台国所在地問題を社会学的視点で研究しないかなあ。地域別に所在地はどこですか？　というアンケートをとったならば面白い結果が出るはずなのに」などと学生にけしかけているのだ。

歴史が思うほどは客観的でないという話である。そもそも生きている人間が「歴史」を書く限り、出身地や育った環境などによる価値観に裏付けられた「主観」を離れることは無理なのだ。主観を完全に消し去ることはできないけれども「人間は主観的な生き物だ」という自己認識だけはいつも念頭に置いておくべきだろう。「客観的に見て」などと軽々しく口にする研究者は信用できない。歴史を客観的に見ることができるのは神様だけなのだから。

【追記】

筆者はよく冗談で「無責任な客観的意見よりも、誠心誠意の主観的意見の方が上じゃないだろうか？」などと言う。いかがでしょう。

「近時新聞」第十二号（平成二十四年十月十五日）

筆跡鑑定の真偽

龍馬の関係で筆者によくある問い合わせは「家に龍馬の手紙があるので一度見てくれ（鑑定してくれ）」という内容である。所蔵者は「龍馬の真筆であることのお墨付きを国立博物館からいただきたい」が本音である。こちらも可能性は低いと思いつつも、万一のこと（たとえば川原塚茂太郎あての龍馬書簡の再発見例）もあるので「写真だけでも拝見します」と答えている。

郵送されてきた写真を見ると大抵の場合はどう見ても別人の筆跡に違和感のある書体で「龍馬」と署名している事例である。あまり期待を持たせてもいけないので、電話で「これは坂本龍馬が書いた字ではないと思います」と素っ気なくお返事するのが常である。しかしながらそこで食い下がられるのもまたいつものことだ。「龍馬もこのようなきちんとした字を書く場合もあるのではないですか？」つまりあまり似ていない文字でも個人の筆跡の「変異の範囲」ではないかという反論である。ご本人は「龍馬だと確信しているので、博物館の専門家にも納得していただきたい」とのスタンスだ。その気持ちもよく分かる。

そもそも「筆跡鑑定」とはいかなるものなのだろうか。

博物館の私の本棚には『筆跡鑑定ハンドブック』という書籍が並んでいる。犯罪や争議にからんでそれが有効とされるからそんな業界も存在するのだ。たとえば誘拐殺人事件での脅迫状の筆跡が容疑を否認し続ける被告人の筆跡と比較して本人の文字か否かの判定は裁判上の重要な争点である。また商店の後継者をめぐって創業者である父親が書いた長男への譲り状（この場合父親が脳梗塞で倒れたのちに震える不自由な手で書面を書いたことがポイント。京都の老舗での有名な兄弟争議）の真偽をめぐる裁判所に出された筆跡鑑定書などまことに興味深い内容を持っている。

この本で感じるのは「経験と実績と科学的客観性」というキーワードである。裁判所に提出される筆跡鑑定書は長年犯罪捜査に関わった警察官OBが筆跡鑑定士となって作成したものが多いという（思うに元警察官ならば被告側不利の「鑑定書」を書いたりはしないのであろうか）。「龍馬の手紙」の写真が筆者の手元に届くのは龍馬の手紙を沢山見ているであろうという経験値を買われてのことだ。中には「おっ」と思わせる巧妙な筆跡の偽物も存在するので常に慎重な観察と判断が必要だ。

文字の癖・特徴を見て「ああこれは誰々の書いた字」とか、素人でも分かる場合があるだろう。犯人が脅迫状をわざと普段の字から変えて書くことも考えられる。筆跡鑑定は誰でもできそうでもあるし、専門家である必然性がどのあたりにあるのであろうか。このように筆者が本まで買って筆跡鑑定にこだわっているのは実は龍馬の字の問題ではない。

＊

一千年前の平安時代、京都の宮廷の最大権力者は左大臣藤原道長（九六六―一〇二七）であった。道長は寛弘四年（一〇〇七）に大和大峯山系の金峯山《きんぷせん》に参詣して写経を納めた経筒を埋めたのだが、その金銅製経筒が江戸時代元禄年間に現在の山上ヶ岳《さんじょうがたけ》から出土し、金峯神社が所有し、現在は京都国立博物館が寄託を受けている（筆者が管理担当）。当館の『陽明文庫展』などでも「御堂関白記」とともに展示したのでご覧になった方もおられるであろう。この経筒の表面には経巻書写と山上埋納の経緯、釈迦や弥勒や蔵王権現へ経典を捧げた願意などが五百字ほどの願文となって刻み込まれている。この経筒は考古分野の国宝に指定されているのだが、考古学的ではなくその銘文を書跡として見たらどうなのかという問題を考えているのだ。

経筒に文字を刻んだのは金属工房職人の伴延助（底に銘あり）あるいはその弟子であった。しかしその文字は職人の字ではない。誰か上手な人の筆による紙本の下書きがあって、それを経筒の表面にぐるっと糊で貼り付け、その墨文字をなぞるように鏨《たがね》で経筒の表面に刻み込んだと推定されるのだ。その下書きの紙本の文字を誰が書いたのかというのが問題である。筆者はある時、この銘文の字は当時参議左大弁であった藤原行成の文字ではないかと考えつき、その異同判定にこだわっているのである。

藤原行成《ゆきなり》（九七二―一〇二七）は小野道風・藤原佐理《すけまさ》にならぶ三跡のひとりであり、和様の書の完成者とされている。書道の世界には詳しくないが、行成の字は「ひたすら字の上手な人の書」である。たとえば空海や藤原佐理のような「天才的な芸術家の書」と対比すると、そこにはケレン味などは全くない。「慎み深く教養のある人の優美な書」に見える。その特徴はひらがなの影響を受けて右肩の部分が丸い字を書くこと、そして文字のバランスの良さである。藤原行成の代表作は東京国立博物館の「白氏詩巻」と京都本能寺の「本能寺切《ほんのうじぎれ》」である。では経筒の文字と行成の書の文字のいくつか比較してみよう。

図版の墨文字は「本能寺切」にある藤原行成の筆跡の一部、そして文字が白く見える方は道長経筒に刻まれた銘文の拓本の文字である。それぞれ同じ文字あるいは共通する字画を持つものを選んで対比した。ご覧になっていかがであろうか？　両者は一見して相似関係にあることは認識できるのではないだろうか。

すなわち同一人物の筆によるもの、経筒の文字の下書きは藤原行成の手になるものだとの判断に至るのだ（「要素が少なすぎて信じられない。その他の文字はどうなの？」などの疑問を持たれた方は京都国立博物館での展覧会図録『藤原道長』にふたつとも掲載してあるのでお確かめ下さい）。道長と行成は親しいので道長が行成に願文の清書を頼むことは歴史的にはありうる話である。現に『往生要集』などの清書を頼んでいる。

筆者のこの判断が現在の古筆研究業界でどうかと言えば「ありえない」とか「経筒の文字は優美さに欠ける」とかの冷たい反応である。筆者は「それは専門家の弊だ」と考えている。余人の意見を受け入れない伝統的で狭い世界があるらしい（考古学研究者に言われたくないという気分は分からなくもないが）。

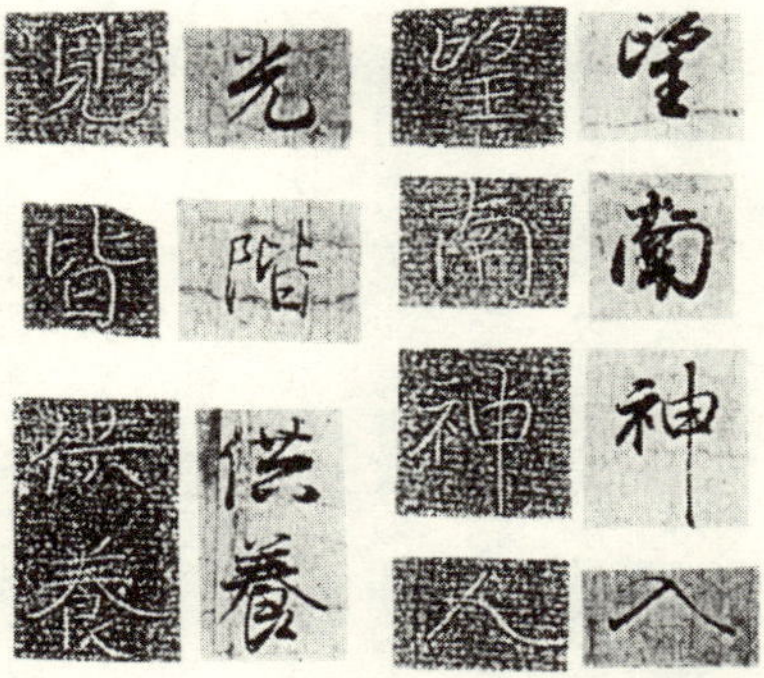

それぞれ右列が「本能寺切」にある藤原行成の筆跡の一部、左列が道長経筒に刻まれた銘文の拓本の文字

このような直感的な真偽判定でなく、もっと科学的な方法は？ と考えていたら、テレビの刑事物ドラマで「筆跡鑑定ソフト」による鑑定が行われているのを見かけて驚いた。すなわち一九八〇

年代に米国で開発のはじまったこのコンピューターソフトは、その初期の段階ではもちろん「そんなのあてになるわけない」などとの悪口を受けて改良が進み、この二十一世紀には日本の警察の科学捜査で用いられる正当な手法として確立しているというのだ。そんなソフトがあるのならば、これまでの悩みは一気に解消するのではなかろうか。経筒の文字の異同鑑定や龍馬書状の真偽の判定にこの判定法を用いたらどうだろうか？「その道の専門家」が経験を蓄積し感覚的に行ってきた真偽の判定と筆跡鑑定ソフトによる判断の間にどのような一致と差異が見られるのか？　まことに興味深いのだ。歴史史料である古文書を筆跡鑑定ソフトにかける時代がもうすぐそこまで来ている。

【追記】

この藤原道長の経筒の銘文が藤原行成の下書きだとする内容の文章をその後に書いた（宮川禎一「藤原道長経筒に刻まれた願文をめぐって―その文字は藤原行成の筆跡か―」『学叢』第三十七号、京都国立博物館、平成二十七年）。ただしここに書いたような科学的な筆跡鑑定はしていない。筆跡の比較対照作業と歴史背景の検証が主である。

「近時新聞」第十三号（平成二十五年一月十五日）

井口新助氏の想い出

博物館で幕末関係の展示を行ってきたおかげで歴史上の人物のご子孫とお会いする機会を多々得られたのは望外の喜びである。その中で今回は井口新助氏について記してみたい。

井口氏は京都近江屋の御子孫で、晩年は向日市にお住まいであった。慶応三年に龍馬を匿《かくま》った井口新助の曾孫にあたる方である。新助は襲名である。大正四年生まれで平成十九年没。享年は満九十一歳。亡くなられてから数年を経た今、筆者の記憶の中の井口新助氏の姿をここに記しておくのにも意味があると考える。

初めてお会いしたのは平成十二年頃のことだったと記憶する。坂本龍馬資料が平成十一年に国の重要文化財に指定され、その関係で龍馬について調べていた頃だからだ。京都国立博物館での何かの特別展覧会の開会式（龍馬展ではない）に来られていた新助氏が本館前で私のことを龍馬資料の担当者と知ったうえで声をかけてこられたのだ。その時は昭和十五年に博物館に紋服や血染屛風を寄贈された御本人が平成のこの世に存命であったこと自体に驚いたことを覚えている。のちに確かめたのだが昭和十五年の寄贈は若かった新助氏のお名前で父上が博物館に寄贈されたのだとのことであった。

その後しばしば博物館に来られて龍馬関係資料の寄託や寄贈などに関してお世話になったのだ。その折に触れて色々なお話を聞く機会があった。しかし今となって思えばそれらをきちんと記録しておけばよかったと思う。

筆者が大分県の安心院《あじむ》町出身であることを聞いた井口氏は「安心院町の水産試験場へ通いました」とのお話をされた。聞けば昭和三十年代に京都西院にあった醤油工場をたたまれたのち、井口氏は昭和四十～五十年頃には大分県別府市の山間で鱒の養殖を生業とされていたという。そして淡水魚の飼育法を知るために別府市の隣町である安心院町にも幾度か来られていたというのだ。確かに筆者が通っていた小学校の一キロほど先に内水面水産試験場が今もある。また小学生であった筆者が父に連れられて別府市の養魚場の釣堀で魚を釣ったかすかな記憶もある。そこが井口新助氏の経営されていた養鱒場であったのだ。井口氏はその別府市で住居としていたビルの三階から階段を踏み外して転落し大怪我をされて「死にそうになりましたが、リハビリで直りました」との長々とした療養のお話へと展開していった。驚いたのでその部分はよく覚えている。

新助氏は記憶力の良い方でいろいろな昔話をされていたのだが、以下、思い出すままに列記してみたい。

若い頃（昭和初期か）は本業の醤油商として滋賀県方面への配送販売に見習いとして同行していた話（近江屋らしい話）。戦前までは家に刀箪笥があって数十振の日本刀があったこと。明治初年頃、龍馬の妻であったおりょうの世話をしたのが井口家なのだが、東京へ行った後に「一通の手紙も井口家へよこしませんでした」というおりょうへの批判（少し驚いたが、祖父新之助からの伝承なのかご本人のお考えなのかは不明。京都人らしいもってまわった口調）。北海道に移住された坂本家と京都の井口家とは親交があったこと（実家が熊本である坂本弥太郎氏が北海道と熊本の往復の途中に京都の井口家に立ち寄っていたという）。血染掛軸はもと井口家にあったものを坂本家へあげたものだということ（実際の経緯は未確認）。土佐山内家の後継者の方に坂本龍馬の話をした際に「郷士のことはよく知らない」的な冷淡な雰囲気を感じられたこと。土佐稲荷神社の祭祀のこと。京都府知事だった中井弘の息子が米国帰りで、近江屋に来ては幼少の新助氏に面白い冗談を言っていた記憶。彼は話に英語を交えるので「ベラベラさん」と呼ばれていたが、新助氏の母親は彼が近江屋に来るのを嫌っていたこと（中井弘の長男は不行跡が多かったらしい）。幕末当時の井口新助と中井弘との出会いが、高瀬川の橋の上で中井が「泥酔して」倒れていたのを近江屋に連れ帰って一晩世話をしたのがきっかけだということ（筆者は漠然と脱藩浪士の中井が「空腹で」行き倒れていたのかと思っていた)。中井の娘で原敬に嫁した貞子がじゃじゃ馬であったこと。曽祖父の井口新助はとても大柄な方だったこと(ご本人も大柄で壮健な感じの方、写真で見ると両者の雰囲気はよく似ている)。

筆者の知る井口新助氏は聡明で謹厳かつ曲がったことが大嫌いな方であった。博物館への寄託資料のテレビ撮影に関しても、興味本位の軽薄な制作態度にいつも苦言を述べておられた。「歴史への敬意が足りない旨」であったようだ。撮影依頼文書の不備にも厳しい態度であられた。またとても義理固い方でもあった。龍馬を匿っていた曽祖父の井口新助もおそらくこのような方ではなかろうかとの印象を強く持ったのである。またその語り口には京都人らしいユーモアが含まれていた。

さて、こう思い返して記してみても、十分に意を尽くしている感じではない。井口氏の貴重なお話の八割がたは筆者の記憶から失われてしまったようだ。「祖父新之助の話によりますと坂本龍馬さんという方はですな……」という井口氏のフレーズの続きは残念ながら記憶にないのだが、龍馬を見知っていた井口新之助から孫の新助氏が龍馬の話を聞き、それを筆者が聞くことになったという「また聞き」の感覚に感動したことは鮮明である。幕末はそう遠い昔ではないのだとの感覚である。歴史研究者は先輩の昔話をよく聞いておくべきだという教訓でもある。

筆者の代にその井口新助様と息女である井口由紀様から京都国立博物館に寄贈していただいた史料の主なものは、

①慶応三年五月二十八日付おりょうあて坂本龍馬書簡を含む海援隊士等書簡集一巻。
②坂本龍馬使用海獣葡萄鏡一面。
③近江屋初荷之図一幅。
④寺田屋登勢・君江書簡一巻。
⑤井口家アルバム二冊ほか古写真一括。
⑥中井弘あて書簡集二巻。
⑦中井弘の勲二等瑞宝章。
⑧明治三十九年の坂本中岡両士四十年祭記念冊子ほか文献類一括。
⑨明治時代書簡類約四十通。
⑩井口新助弁駁書一通。
⑪佐々木多門書簡二通および封紙。

などである。ここに記して井口家の厚意に感謝を表したい。
なお平成十八年四月十五日に京都国立博物館において「井口新助様のお話を聞く会」というごく小規模な集まりを開催し、中井弘の子孫の方々などにも参加していただいた。その会の様子は大阪の植木昌二郎氏が動画撮影され、編集ののちに筆者にもＤＶＤをお送り下さった。この文章を書くために再度画像を拝見したのだが、最晩年にしてはお元気であられた。またとてもスタイリッシュだったことが印象深い。

【追記】
幕末・明治の井口新助に関しては坂本龍馬を匿って近江屋で殺害されたことと中井弘と親交があったことが特筆される。この近江屋井口家が龍馬史料と中井の史料を伝えてきたことは有難いことである。御礼の意味を込めて、このような形で書き残すこととした。井口家の歴史は近世近代の商業史的にも興味深いように思う。

「近時新聞」第十四号（平成二十五年四月十五日）

薩長同盟の六箇条

今回は慶応二年一月に京都において締結されたいわゆる『薩長同盟』の評価・重要性について考えてみたい。「薩長連合」とか「薩長盟約」とかの用語はあることは承知のうえで、この文章では同盟と記述する。

最近は「薩長同盟」の目的は「目前に迫った幕府軍による長州攻撃に際して薩摩藩の支援方法を約したものであり、討幕の軍事同盟ではないのだ」という意見をよく見かける。確かに木戸の記した六箇条（慶応二年一月二十三日付の龍馬あて木戸孝允書簡）を読めばそこには幕府を倒すとは書いていない。

その六箇条を現代語風にしてみると次のようになろう。

一、幕府と長州藩が戦争となった場合、薩摩藩は京都に二千、大坂にも千ほどの兵を派遣して京坂を固める。

一、戦争が長州側の勝利の方向へ進めば薩摩藩は朝廷に働きかけて長州藩の京都復帰に尽力する。

一、万一長州が戦争で不利になっても一年や半年で潰滅することはないので、その間に薩摩藩は長州が有利になるよう尽力する。

一、戦争が起こらず幕府軍が東帰する時は長州藩の冤罪を解くべく薩摩藩から朝廷に働きかける。

一、その後は兵を上京させ、一橋・会津・桑名が朝廷を擁して正義に抗する場合は最期には決戦する事も辞さない。

一、長州の冤罪が晴れたならば、今後は長州と薩摩は心を合わせて皇国の為に尽力し、皇威回復を目標に誠心を尽す。

木戸はこの内容の確認と添削そして裏書きを龍馬に対して求めたのだ。木戸は龍馬から返送されたこの手紙を大切に保管し、現在は宮内庁書陵部が収蔵している。現在に至る近代天皇制の根幹に関わる重要文書である。

龍馬の朱字裏書きがある木戸の手紙はとても有名であるが、全文を読んでみると木戸のしつこさに辟易する。条文はよく引用されるが、その前後の木戸の文章はやや取っつきにくいものだ。しかし改めて読んでみると示唆するところが多いのだ。

手紙の冒頭部分を現代語風にしてみると、「乱筆のまま差し出しましたが、とくとご熟覧、ご推量下され、不足の処はご了見下さい。拝啓、先ずはご清適大賀のことと存じます。このたびは間もなくまたお別れすることとなり、心事半分も尽くせませんでしたことを少なからず遺憾に思っております。しかしながら終には行き違いとなり、拝顔も当分できないことかと懸念していましたところ、ご上京に付いては、折角の旨趣も小・西両氏へも通徹を得られ、かつ両氏どもよりも将来の見込みの辺りもご同座にて、委曲了承つかまつりしことはこの上なく、上は皇国天下蒼生のため、下は主家のためにおいても感悦の至りでございます。（後略）」とある。

龍馬登場の時期と小松・西郷との話し合いの様子が分かる。内容を補って記せば、「京都で貴兄とお会いできた時間が短かったので意を尽くせない部分をお詫びします。しかしながら（中々京都に来ない貴兄を待っておりましたが）ついには行き違って、お会いできなくなるかと心配していましたところ（貴兄が一月二十日に）京都へ来られて（そのおかげで長薩間の話が進み）、その結果『折角の旨趣（趣旨）』（長州藩の本意）も小松帯刀・西郷吉之助両氏へも通徹することができ、さらには両氏から『将来の見込み』のあたりも（貴兄）ご同席のうえで詳しく了承できたのはこのうえないことであり、上は皇国天下創生のため、下は毛利家のためにも誠に喜ぶべきことであります」となる。

龍馬が京都に来たおかげで話が進んだことを示唆している。

この木戸と小松・西郷との会談で出た「将来の見込み」とはどういう意味だろうか。単純に約定に書かれた幕長戦争における薩摩藩の支援策だけではないように思える。それは言わば「当面の見込み」であろう。「将来の見込み」とは幕府軍を押し返した後の話ではなかろうか。この会談には六箇条には書かれなかった内容もあったのではと推測させる部分である。薩摩側から見てもこの同盟が単に「長州藩を負けさせない」ためのものではなかったように思われる。小松や西郷は長州藩が勝利した後（将来）のことも考えて会談したはずだ（薩摩藩の本心は分かりづらいが）。

視点を変えて、木戸のこの長い手紙に頻出する用語を分析してみよう。一番多い文字は「皇国」「皇威」である。列挙すると「皇国天下蒼生之為」「皇国之事開運之場合」「皇威更張之端」「皇国之興復」「皇国之大事件」「皇国之御為」「皇国之御為」「皇威相暉」「皇国之大機」「皇国之御為」「皇国之事」。数えると十一カ所もある。木戸こそ勤皇の志士だ。

しかし「皇国の興復」とは抽象的すぎないだろうか。その行程も明示されていない。六箇条のうち五条目までが非常に具体的な戦略の取り決めなのに対し、最後の六条目が「以後薩長両藩は皇威の回復を目標に誠心を尽くす」というのでは前との隔たりが大きすぎるし、きれいごとすぎる。

筆者の想像だが、薩長交渉の席で当面の幕府征長に際しての薩摩藩の支援内容の協議ののちに皇国の興復の話に至った。しかしそのふたつの議題の間に「将来の武力討幕の見込み」についての具体的な話し合いがあったのではなかろうか。この木戸の手紙には「討幕」という文字は出てこない。しかし「将来の見込み」という表現にそれが示唆されていると考える。木戸はその言葉をわざと使用しなかったのであろう。そのために「皇国の御為」などという誰も反対できない抽象的で遠大な「理想」を繰り返すことになったのではなかろうか。

「薩長同盟は討幕の軍事同盟ではない」との主張は木戸の手紙に「討幕」の文字がないことも理由にしているようだが、それを手紙に書くことは憚り多いことだ。皇威回復の前提が「討幕」であることは言わずもがなだ（鎌倉時代末がそうだ）。書いていないからそうでないとはあまりにも純情だ。橋会桑（京都の幕府勢力）との決戦も辞さないとあるではないか。

『三吉慎蔵日記抄録』には（その記載の時期が問題ではあるが）「過ル廿一日桂小五郎西

郷トノ談判（薩長両藩和解シテ王政復古ヲ企図スルコト）約決ノ次第委細坂本氏ヨリ聞取〜」との記述がある。談判の内容が単に「長州藩の生き残り策」だけではなかったように読み取れる部分だ。

木戸の時勢に対する見通しの確かさは慶応三年八月の長崎での龍馬や佐々木高行との会合の際にも発揮されている。革命家の素質であろう。慶応二年正月の段階で木戸が討幕を考えていなかったことはないはずだ。おそらく短期目標は長幕戦争に勝利すること、中期目標は軍事的討幕、長期目標が皇威回復だったのであろう。慶応二年正月に結ばれた薩長同盟は従来の評価どおり、日本の針路に関わる重大事象（木戸自身も坂本龍馬もそう認識している）だったとして良いと考える。

ただし長州側がこの段階で薩摩藩を全面的に信頼していたかは別だ。長幕戦争中の慶応二年七月二十七日の木戸あての龍馬書簡には薩摩藩への疑念を払拭しようとする努力が文面に表れている。仲介者の苦労だ。同盟が一筋縄では進まなかったこともまた事実なのである。

「近時新聞」第十五号（平成二十五年七月十五日）

龍馬は無名だったのか？

坂本龍馬はほぼ無名の人物だったのだが司馬遼太郎が『竜馬がゆく』を書いて有名にしたのだという文章を時々見かける。司馬氏が書く以前にも無名ということはなかったとは思うが、言われてみればわれわれが良く知る幕末維新期の人物はいったいいつ頃からどの程度知られていたのかということは少し調べておきたいところだ。

龍馬は慶応三年に姉乙女へあてた手紙で「龍馬の名と云ものハ、もはや諸国の人々しらぬものもなし（だからその姉が不自由をおして土佐から出てきたなどと世間に知れると恥ずかしいので家出はやめて）」と書いている（慶応三年六月二十四日付、京都国立博物館蔵）。自己申告なので割引も必要だが案外そうだったのかもしれない。一般の百姓町人はいざ知らず、慶応三年に政治に関わっていた武士や大名ならば坂本龍馬の名前は知っていたのではなかろうか。

では龍馬の死後、明治時代の知名度はどうだったのだろう。

京都大学附属図書館に「ヨミダス歴史館」という読売新聞社が提供している明治時代からの新聞記事検索機能を持つ端末が置かれている。そこへ行って心に思い浮かぶままに龍馬を含む幕末維新関係者の名前を検索してみた。明治七年から明治四十五年までの読売新聞の全記事である。創刊当初は一枚刷でその内容は極めて乏しい。しかし明治十年代後半からは段々新聞らしくなってくる。なので検索人名は明治十一年に亡くなった大久保利通までとした。つまり人物名は物故者すなわち明治時代においても歴史上の人物（過去の人）としたのだ。でなければ幕末に活躍し明治時代に政治家や軍人を務めた現役世代（伊藤博文など）の数千件という記事数に圧倒されてしまう。ただし西郷や大久保・木戸などは晩年の記事が若干含まれている。

「ヨミダス歴史館」の良いところは単に見出しだけではなく内容まで読んで検索用の短文をデジタルでつけているところである。すなわち記事中の「西郷南洲」が西郷隆盛として検索できるようになっているのだ。そのデータベース化に費やされた人的努力には敬服する。

以下は記事の内容には関係なく、純粋にその人物名に関わる記事がいくつあるかというリストである。その序列と件数は、

・西郷隆盛　四六二件　・大久保利通　二八二件

・木戸孝允	一二一件	・佐久間象山	九三件
・ペリー	八四件	・吉田松陰	七一件
・井伊直弼	五九件	・大村益次郎	五四件
・藤田東湖	三六件	・坂本龍馬	二九件
・高杉晋作	二七件	・徳川斉昭	二七件
・山内容堂	二一件	・島津斉彬	二〇件
・江川太郎左衛門	一六件	・武市半平太	一四件
・横井小楠	一〇件	・徳川家茂	九件
・久坂玄瑞	九件	・中岡慎太郎	八件
・小松帯刀	七件	・近藤　勇	七件
・土方歳三	二件	・河井継之助	二件
・清河八郎	一件		

こう見ると西郷・大久保・木戸の三桁が際立っている。中でも西郷の知名度が抜群だ（幕末史というよりは西南戦争が要因か）。

龍馬の記事の初出は明治十六年の『汗血千里駒』の短い紹介文である。明治二十四年には贈位があって十件の記事になっていることは注目される。この頃から世間一般に知られるようになってきたのであろう。逆に日露戦争頃には乏しい。明治三十七年に零件、三十八年に一件、三十九年に二件（四十年祭関係記事等）である。これは意外だ。また千葉佐那に関わるものが三件ある。明治二十六年に二件と二十九年に一件だ。「坂本龍馬の未亡人」として登場する。

明治時代の読売新聞に登場した坂本龍馬の記事二十九件という数を多いと見るか、少ないと見るかは難しいが、相対的に言えばある程度有名であったとしても良いであろう。

知名度という観点で日露戦争関係者を検索すると、

・大山　巌　一〇八四件　・児玉源太郎　六七七件
・東郷平八郎　五七六件　・山本権兵衛　四六〇件
・広瀬武夫　一二六件　・秋山好古　四九件
・秋山真之　三件

すなわち私たちが良く知る海軍参謀秋山真之こそが司馬遼太郎が『坂の上の雲』を書いて有名にした人物なのである。その一方、広瀬武夫は軍神化を促すように戦死当時から沢山の記事が書かれていた。広瀬と秋山真之の知名度は明治時代では隔絶していたのだ。

このような比較は単なる数字の遊びかもしれない。しかし明治時代において「有名だったはずだ」とか「ほとんど無名だったのだ」とかいう願望の混ざった議論よりは見通しの立つ情報を提示できたと考える。

「ヨミダス歴史館」は明治時代だけでなく大正～昭和四十五年にかけても検索することができる。坂本龍馬に限って見ていくと、大正時代から昭和二十年までの新聞記事の多くは小説・芝居・映画・ラジオドラマなどの紹介や評論の類である。研究者の役に立つような歴史的事実を記したものは乏しい。その一方で一般大衆に向けて龍馬が繰り返し小説化・舞台化・映画化されてきたことがよく分かる。

昭和三十年代後半の『竜馬がゆく』もその延長上にあると言える。しかしこの小説が龍馬の名前を日本国民全体に爆発的に広めた（と同時に人気も高めた）ことは事実だ。昭和三十九年一月二十九日の読売新聞朝刊に掲載された『竜馬がゆく』の広告は「薩長連合、大政奉還をぜんぶ一人でやった維新史の奇跡、坂本龍馬の波瀾万丈の生涯！」である。この五十年も前の広告文のような理解が現在もなお様々な意味で大きな影響を与え続けているのである。
すなわち坂本龍馬は二十世紀においては歴史研究の対象という以上に小説やドラマの主役や重要な登場人物としての「役割」が与えられ続けてきたのだ。現代における坂本龍馬の本質の一端はそこにあるのである。日本一有名な歴史上の人物が織田信長か坂本龍馬かなどとなったのは小説や漫画や芝居や映画やTVドラマのおかげだ。「現在なぜ龍馬はこんなにも有名なのか？」もまた重要な研究テーマだと言えよう。有名だから研究もされるのであるが。

【追記】
本文で載せられなかった読売新聞登場回数データを羅列しておく。明治時代の知名度の比較表だ。

政治家など
伊藤博文（五三四五件）、山県有朋（二五二五件）、井上馨（二一四六件）、板垣退助（二〇八五件）、黒田清隆（九七一件）、後藤象二郎

（八六九件）、陸奥宗光（八三六件）、勝海舟（二四九件）、中島信行（二三四件）、徳川慶喜（一五八件）、佐々木高行（九八件）、由利公正（八〇件）

京都府知事　槇村正直（七五件）、北垣国道（一九三件）、中井弘（九四件）
教育界　福沢諭吉（二九九件）、新島襄（三五件）、山川健次郎（七五件）
江戸時代の文芸　松尾芭蕉（四一件）、与謝蕪村（九件）
江戸時代の絵師　円山応挙（四四件）、伊藤若冲（二件）
戦国桃山時代　織田信長（三六件）、豊臣秀吉（二四四件）、徳川家康（一三七件）
中世　楠正成（四八件）、足利尊氏（一四件）
平安時代末　平清盛（一六件）、源頼朝（一五件）
平安時代　清少納言（一三件）、紫式部（二七件）

現在的な評価と明治時代の評価に変わらない部分と変わった部分が見えてきて考えさせられる。信長の記事数が秀吉や家康に比して少ないことが興味深い。また明治時代に現役の政治家はやはり記事数が多い。長生きのおかげだ。坂本龍馬と紫式部が似たような数字というのも面白い。また筆者が得意な藤原道長を検索すると零件だった。なぜだろうか？

このような坂本龍馬の評価の変化はすなわち評価する側の日本人の価値観の変化の反映であるように思う。自然に変化したのではない。その時代にあった人物像として評価認知されてきたのではなかろうか。昭和二十年までは楠正成など朝廷に仕えた忠臣や乃木希典や広瀬武夫のような軍人が評価されていた。坂本龍馬は戦後の高度成長と学生運動の時代の気分とが彼を支持してきたのであろう。

未来における龍馬の評価はどうなっていくのであろうか？　また龍馬に代わって評価が高まる人物とはいったい誰なのだろうか？


「近時新聞」第十六号（平成二十五年十月十五日）

龍馬の手紙を読む

筆者の得意は坂本龍馬の手紙を読むことである。読むと言っても歴史的に読む以上に国語として読むという方に重点を置いている。歴史的に読むのはある意味当然のことであり、格段ほめられることでもない。歴史的に読むとは時間軸を間違えずにその時代背景の中で正確に読むことだと思う。しかし国語的に（文学的に）読む方については他者との間に見解の相違があるかもしれないので、本稿において筆者の考え方を披瀝しておくことも意味があるように思う。

歴史学の専門家に「行間を読む」などと述べると卒倒しそうになるかもしれない。「行と行の間に文章が書いてある」などと筆者はよく口に出して言うからだ。これは確信犯的な挑発的言辞である。

筆者がよく言うたとえは次のようなものである。

「ここにAという女性がBという男性に対し『あなたのことなど大嫌い』と記した手紙が残っていたとしましょう。歴史学者の解釈は『Aという女性はBという男性が大嫌いだ』という文書であると述べることでしょう。残された史料（手紙）を想像など交えずに字義どおり正確に読んだ結果です。そしてそれを「歴史的事実」だと認定することでしょう。しかしながらこれを国語的に読むならば全く反対の意味になります。すなわち『わたし（女性A）は【あなた（男性B）のことが好きで好きでたまらないのに、他の女と仲良くするなんて……そんな】あなたが大嫌い』ではないでしょうか？」と。

【　】内がすなわちこの手紙の「行間」に書いてあることだ。この行間に表された内容は「事実」ではなくて「男女間の真実だ」と言いたいのだ。そもそも本当にその男性が嫌いならば手紙で「嫌いだ」などと知らせたりはしないものだ。そこにこの手紙の字面ではない「真の意味」があると言いたいのである。

歴史研究者の立場ではこのような解釈を行ってはならないらしい。しかしながら筆者は前者の歴史学的解釈ではなくて後者の国語的解釈の方が正しいと考えている。換言すれば文学的解釈を歴史学的解釈の上に置いているのだ。歴史学と文学の対立である。

歴史学とは文学のような感性的・情緒的なものではなく、もっと科学的なものだとの意見もあるだろう。しかしひと昔前によく聞いた「科学的歴史」などは存在しないと思う。歴史学が科学だなどと言うのならば「歴史学科」は文学部から脱退して理学部に入れてもらうべきではなかろうか（頼まれた理学部側も困ると思うが）。あくまでも歴史学科は文学部の範疇にあるのだ。

歴史と文学の関係が問題だ。現在の歴史研究がどちらかと言えば文学的解釈を恣意的だなどと言って極力排除し、書いてある以外のことは書いていない、との立場をとっている。筆者が強調するような国語的とか文学的とかいう言葉こそ禁断の果実であり、悪魔のささやきである。「書いていないものは存在しない」という立場でなければ安心できないのである。しかしながら筆者は文学を歴史学より上だと考えているので「行間に字が書いてある」などと述べて憚るつもりもない。具体的に龍馬の手紙解釈でその一例を挙げてみよう。

＊

従来、宮地佐一郎の『龍馬の手紙』などで慶応三年一月二十日とされてきた春猪あての手紙（北海道坂本龍馬記念館蔵）を「正月廿日夜」とだけ記されていること（本来は年不明）などから、筆者はこれを一年前の慶応二年一月二十日に移したのだ。

その手紙にはこう書いてある。


「春猪どのよく。此頃ハあかみちやをおしろいにて、はけぬりこてぬりくつぶし、もしつまづいたら、よこまちのくハしやのばゞあがついでかけ、こんぺいとふのいがたに一日のあいだ御そふだんもふそうというくらいのことかへ。（中略）
おまへハ人から一歩もたして、をとことという男ハ皆にげだすによりて、きづかいもなし。又やつくと心もずいぶんたまかなれバ、何もきづかいハせぬ。（後略）」

その大意は「春猪殿よ。お前のみっともないアバタ面（あかみちゃ）は白粉をいくら塗りたくっても追いつくまい。またお前は性格がきついので男は全員逃げ出すだろうよ」などという誠に酷いものだ。この手紙を慶応三年に置いたままではその酷い悪口が不可解だった。しかし一年前に移すことによってようやく龍馬はなぜそのようなことを春猪に書いたのかが判明したのである。

慶応二年一月二十日の京都において、龍馬は長州藩と薩摩藩の間の軋轢の解消に奔走していた。木戸孝允と西郷吉之助間の周旋にあたってはおそらく龍馬は相当なストレスを感じていたのではなかろうか。たぶん双方から苦情を言われっぱなしであっただろう。しかし龍馬は木戸にも西郷にも面と向かって言い返せなかったはずだ。同盟をどうしても成立させるという大目標のためだ。

とても大変だったその日の夜（「正月廿日夜」と記したところがポイント）に龍馬は二本松の薩摩藩邸の一室で「眠れぬままに」土佐の家族や知り合いにあてて手紙を書いたのだ。乙女姉さんや権平兄さんへも当然書いたであろうが失われている。また池内蔵太の家族あての手紙は記録されて文面だけが残っている（「眠れぬままに」とはその手紙に出て来る表現である）。その最後に姪の春猪にあててこの手紙を書いたらしい。

龍馬はこの日に溜め込んだ自分のストレスを解消するために春猪にこのような酷い悪口を書いたのだというのが筆者の解釈である。もちろんその悪口は親しいがゆえの冗談である。読む側も龍馬が春猪に本気で悪口を言っていると思ってはいけない。また権平兄さんや乙女姉さんに溜まったストレスをぶつけるわけにはいかない。それをして良いのは春猪にだけである。この手紙以外でも姪の春猪に対してだけ龍馬はいつも説教口調であり、偉そうに意見している（慶応三年六月二十四日の乙女・おやべあて書簡、京都国立博物館蔵など）。ここが家族の人間関係を示す面白いところなのである。

このような龍馬の心情への解釈を単なる筆者の個人的な想像に止めず、現実に歴史上にあった話として認められるかどうかが問題なのだ。おそらく「そのような解釈は理解できないし認められない」とのご意見を持つ方もいらっしゃるだろう（恋愛映画を見たり、歴史小説を読んだりはされない方か)。しかし歴史学を含む文学は自然科学ではないので多少の反対意見はおり込み済みだ。全体のおよそ八割の方が「なるほどその解釈は納得できる」と述べていただければ国語的には正解なのだ。ここが文系の良いところだ。百点でなければあとはすべて零点という理系ではないのである。

筆者はこれまで龍馬に関して様々な角度から研究してきたが、この書簡を一年前に動かし、さらに春猪への酷い悪口の意味をこのように解釈したこと、これこそが龍馬研究への最大の貢献であったと自己評価している。龍馬はその日の夜、どんな気持ちだったのかを解明したことだ。その日こそが幕末史の転換点であり、坂本龍馬のいちばん長い日だったのである(この手紙に見える龍馬のストレスは、薩長同盟の成立が日本の進路に関わる重大事だということを龍馬本人も理解していたことを示している)。この手紙で意味が分からないままに酷い悪口を言われた姪の春猪には可哀相ではあったが、ある意味彼女には日本史的な存在意義があったということでもある。

なお龍馬はこのあとで春猪に対して長崎から外国製のおしろいを贈った。謝罪のつもりらしい。

龍馬の手紙を「国語的」に読んできた結果である。「歴史的」に読んだだけでは到達できない境地である。皆様のご意見はいかがであろうか？

【追記】

ここに書いた姪春猪への手紙の文学的解釈論は「龍馬書簡・再考――春猪あての不思議な手紙――」（『歴史読本』第五十四巻第三号、新人物往来社、平成二十一年）を参照いただきたい。また筆者の龍馬書簡全般に関する見解は『増補改訂版　全書簡現代語訳　坂本龍馬からの手紙』（教育評論社、平成二十六年）を参照下さい。このような問題はどんな歴史資料にもつきまとうものであり、事実そう書いてあることと、そこから導かれる解釈の問題は永遠のテーマである。喧嘩を売っているわけではない。

「近時新聞」第十七号（平成二十六年一月十五日）

新発見「越行の記」の重要性――お金はなぜお金か？――

ビットコインが話題になった平成二十六年の前半、新たな龍馬の書簡が出現してまた別の大きな話題となったのだが、そのふたつの事象には深い関係がある。

お金はいったいなぜお金なのか？　こんな問題を調べようと書店の経済本の棚をあさってみると「お金」と名の付く本のすべてが「お金儲けの本」であったので驚いた。お金の本質とはいったい何か？　などと学問的に研究しても一文の得にもならないが、時間があるなら金儲けの方法を考えろとはあまりにも欲望に正直だ。経済学とは学問ではなくお金を稼ぐ方法の研究のようである。

さて坂本龍馬の新発見書状「越行の記」は大政奉還のあと、慶応三年十月二十四日から十一月五日までの越前福井行きのことを後藤象二郎に報告したいわゆる「復命書」である。現在の公務員ならば出張した後に必ず出さねばならない書類だ。龍馬は後藤に福井でいつ誰に会って、何を話したかを報告した際の下書き（草稿）あるいは控えのようなものである。その書風・筆跡・内容は龍馬以外ではありえない。

ＮＨＫのバラエティ番組で見つかったのも面白いのだが、問題はその書簡の中身である。

越前福井で面会した三岡八郎（由利公正）とのやりとりを記した貴重な記録だ。龍馬が福井に行ったのは京都で樹立されようとしていた朝廷中心の新政府の財政担当者として旧知の三岡八郎を春嶽侯の許可を得て、京都に呼び出すことにあった。のちの由利公正の回顧談（「坂本龍馬三岡八郎会見顛末」由利公正筆、『龍馬の翔けた時代』展に借用展示）にもかなり詳しいのだが、新たに出現したこの草稿によってふたりで何を話したのかがより明らかとなったのである。そこ（烟艸屋）で話し合ったのは新政府の財政のあり方であったようだ。記載では春嶽侯が幕府の政事総裁職であった際（文久年間）に三岡八郎（略して三八）が幕府の財政局の帳面を調べたのだがその実情は「唯銀座局ばかりにてお気の毒」などと言ったと記されている。幕府の金の内幕（財政運営）は家康以来の古典的な財政のままだという三八的な嘆きである。おそらく福井藩での財政再建や藩札の発行経験から、天皇中心の新政権はその強大な「信用」をもって金札を発行すべしという持論を龍馬に伝えて喜ばせたのであろう。龍馬は「金銀物産を任せられる者はこの三八を置いて他に居ない」という報告をあげて、土佐藩の福岡孝弟や後藤象二郎に三岡八郎を新政府に出仕させるように強く働きかけている。その結果、初期の明治政府において太政官札の発行など三岡の財政施策は一定の機能を果たすことになったのだ。龍馬は人材を見る目があるし、実際にスカウトしてくる行動力もあったということなのである。

さて本題のお金はなぜお金なのか？　その答えは現在の経済評論家に聞くのではなくて、この三岡八郎に聞くのが正しいようだ。「信用さえあれば紙切れも百両の価値を持つ」ということを三岡は龍馬に蕩々と説明したのではなかろうか。ビットコインも「信用の裏付け」があってこその価値なのだろう。もしもこの時三岡八郎が京都に来ていなかったら現在もわれわれの財布に一万円札や千円札の代わりに小判や一分金が入っていたかもしれないのだ（それは言いすぎなのだが）。龍馬が歴史に果たした大きな役割のひとつが通貨発行の概念を近代化したきっかけとなったこの越前福井への出張なのである。

書簡の縦は十九・五センチ、横は約百四センチ。古く明治時代に巻子に表装されている。以下に髙田祐介氏の翻刻文と意訳とを掲出する。

【翻刻文】　髙田祐介翻刻

越行の記

十月廿[redacted]《八》日福井ニ達ス、奏者役
伴圭三郎来ル御書を相渡ス、

直柔か役名を問ふ、海援隊惣
官を以てことふ、
~~三十《さんじゅう》日~~《同夜》朝大目付村田巳三郎来ル
用向無之哉を問ふニ曰ク、近時云云
を言上仕り其之御論拝承仕度、
およそ明白なる国論を海外迄も
不聞を恐る丶ことニ御座候、扨此
度こそ私共も御国論拝承仕り度
心願在之候、村巳曰ク老主人出京
も来月二日ニ取定めたり事
多端なれハ御目にか丶り不申、然ニ
前条御尋の如きハ拙者より
申上候、されハ老主人出京後彼
是手順もあるべけれとも、将軍
家政権を御帰しとなれハ将

軍職も共に御帰し不被成てを(ママ、はカ)
とても御反正(ママ、省カ)と申ても天下の人
心折合不申と国論こゝに
在之候云云、此夜(同廿九日)奏者伴
圭三郎来り御答書を受
取ル
~~朔日~~(卅日)朝三岡八郎及松平
源太郎来ル　但シ三八に面会の事を昨日村巳に頼置しニ三八儀を先年押込メラレ夙
ハ他国人ニ面会かたくさしとめられたり、故ニ政府の論儀ニより■(抹消)
君側中老役松平源をさしそへたり
其故にや三八が来りし時、松平源を目
して私しハ悪党故君側より番人が
参りましたといへバ
松源も共に笑ふ　夫より近時京
師の勢前後不残談論ス、

此談至り尽シタリ
深ク御察可被下　　三八曰ク、将軍家信（ママ、真カ）
ニ《に》返《反》（ママ、省カ）正すれハ何そ早く形を以て
天下に示さゝる、近年来幕
府失策のミ、其末無策を以
する事ハ天下の人皆不信さ
るなり云云、是より金銭国用
の事を論ス、曾而春嶽侯
惣（ママ、総カ）裁職たりし時、三八自ラ幕
府勘定局の帳面をしらへし■（抹消）に
幕の金の内つらハ唯銀座
局斗りなりとて気の毒かり居
候、御聞置可被成候、惣して金
銀物《ぎんぶつ》■（抹消）産とふの事を論し
候ニハ、此三八を置かハ他ニ人な

かるへし

十一月五日京師ニ帰ル、福岡

参政に越老侯の御答書を

渡ス

右大よふ申上候、謹言

直柔

後藤先生

追曰、中根雪江は越老侯の御供、村田巳三郎ハ国にのこる、家老ハ可なりのもの出るとのこと、再拝々

【意訳文】高田祐介訳

越行（越前行）の記

十月二十八日、福井に達した。奏者役（福井藩士）の伴圭三郎が来たので、御書（土佐前藩主・山内容堂より松平春嶽あてか）を渡した。伴が、私・直柔（坂本龍馬の諱）の役名を問うたので、海援隊惣官だと答えた。

同夜（三十日朝を抹消）、大目付・村田巳三郎（福井藩士）が来た。村田が「用向きはないか」と問うたので、私は「近時のことなどを（松平春嶽に）言上して、それに対する御論を拝承したい。およそ明白な国論を海外までも聞かないことを恐れており、この度こそ越前の国論を拝承したい心願がある」と言った。村巳（村田巳三郎）は「老主人（松平春嶽）の出京も来月二日に決まり、ものごとが多端であるため、（松平春嶽は坂本龍馬に）お目にかからず、前条の御尋については拙者（村田巳三郎）より申し上げる。老主人（松平春嶽）の出京後、かれこれ手順もあるが、将軍家が（朝廷へ）政権をお返しになったのならば、将軍職もともにお返しにならなくては、とても御反省になられたといっても、天下の人心は折り合わない、という国論がここ越前にはある、云々」と語った。

この夜・同二十九日、奏者の伴圭三郎から御答書（松平春嶽より山内容堂あてか）を受け取る。三十日朝（一日を抹消）、三岡八郎と松平源太郎（福井藩士）が来た。但し、三岡に面会することを昨日村巳（村田巳三郎）に頼んでおいたが、三八（三岡八郎）は先年押し込められ、これまでは他国人との面会を堅く差し止められていた。そのため、（福井藩）政府の論議により君側の中老・松平源太郎を差し添えたのである。それ故であろう三八が来たとき、松平源（松平源太郎）を目して、「私は悪党ゆえ、君側から番人が参りました」と言ったので、松源（松平源太郎）もともに笑った。それより近時の京都の情勢を前後残らず談論した。この談論は尽したので深く御察し下されたい。三八は「将軍家が真に反省すれば何か早く形にして示さねばならぬ。近年来、幕府は失策のみであり、その末、無策であることは、天下の人皆の不信を招くものである、云々」と言った。これより金銭国用（新政府の財政）のことを論じた。かつて、春嶽侯が総裁職（政事総裁職）に就いていた時、三八が自ら幕府勘定局の帳面を調べると、幕府の金の内面は唯銀座局ばかりであったと、（三岡は）気の毒がっていた。御聞き置き下されたい。総じて金銀物産などのことを論じるには、この三岡を置いては他に人がいないだろう。

十一月五日、京都に帰る。福岡参政（土佐藩参政・福岡孝弟）に、越老侯（松平春嶽）の御答書を渡した。

右、大要を申し上げる。謹言

直柔

後藤（象二郎）先生

追曰、中根雪江（福井藩士）は越老侯の御供（で京都へ）、村田巳三郎は国（越前）に残る。家老はかなりの者が（京都へ）出るとのこと。再拝々

【追記】

この「越行の記」の出現には驚かされたが、最も苦心したのはテレビ局のディレクターからの「この字は龍馬で良いのですか？」との質問だ。滅多にお目にかかれない新出史料であるので、慎重な検討を行った。この手紙草稿が偽造・捏造でないことをどのように証明すべきか？　理系の世界で「研究捏造問題」がうるさかった時期と同じ時期に現れた史料だったので、文系の文系たる部分を見せねばと苦心した。結果として高知の坂本龍馬記念館や下関の長府博物館の学芸担当者も見たうえで龍馬真筆という結果が一致したことは大きい。複数の研究者での確認作業を経たのである。大事なのはひとりの思い込みではないという点である。おおざっぱに言えば「龍馬であることを否定する要素は手紙のどこにもありません」である。

なお本書簡の裏書きに見える「林市郎右衛門」に関しては平成二十六年九月以降、別の研究発展があった。

「近時新聞」第十八号（平成二十六年四月十五日）

食生活の文明開化

筆者は牛乳が全く飲めない。乳糖を分解できない体質だ。ケーキやチョコレートやアイスクリームなど乳成分を含む食品はちょっと食べただけでもお腹が痛い。なので牛乳のことを「白い悪魔」と呼んでいる。

「子供の頃は飲んでいましたが、大学生頃からゴロゴロしはじめ、今は一滴も飲めません」などと話すと大多数の人は「牛乳が飲めないなんて可哀相に」と言うか、そんな表情を浮かべる。「納豆が食べられません」とは違った反応だ。しかしながら牛乳が飲めないというだけでどうして可哀相に思われるのだろうか。

最近、その歴史的な理由が福沢諭吉にあることが分かってきた。

福沢先生の仕事は西洋文明の良いところ（決してなんでもかんでもではない）を積極的に日本に取り入れ、日本人の文明化を促進するところにある。文章の力で日本人を文明人に変えようとしたのだ。その福沢諭吉の明治三年の文章に「肉食《にくじき》之《の》説《せつ》」というとても面白い短文があるがこれが根本であるらしい。

全文は掲載できないのでその一部、七割ほどを以下に紹介する。表現はやや現代語風に直した。

「肉食之説　　福沢諭吉

天地の間に生るる動物は肉食のものと肉を喰はざるものとあり。獅子、虎、犬、猫の如きは肉類を以て食物と爲し、牛、馬、羊の如きは五穀草木を喰ふ。皆その天然の性なり。人は万物の霊にして五穀草木鳥魚獣肉ことごとく皆喰はざるものなし。此また人の天性なれば、若し此性に戻り肉類のみを喰ひ或は五穀草木のみを喰ふ時は必ず身心虚弱に陥り、不意の病に罹て斃るるか、又は短命ならざるも生て甲斐なき病身にて、生涯の楽なかるべし。

古来我日本国は農業をつとめ、人の常食五穀を用ひ肉類を喰ふこと稀にして、人身の栄養一方に偏り自から病弱の者多ければ、今より大に牧牛羊の法を開き、その肉を用ひその乳汁を飲み滋養の欠を補ふべき筈なれども、数千百年の久しき、一国の風俗を成し、肉食を穢たるものの如く云ひなし、妄に之を嫌ふ者多し。畢竟人の天性を知らず人身の窮理を弁へざる無学文盲の空論なり。そもその肉食を嫌ふは豚牛の大なるを殺すに忍びざるか。牛と鯨と何れか大なる。鯨を捕てその肉を喰へば人これを怪まず。そもそも生物を殺す時の有様を見て無残なりと思ふ故か。生きた鰻の背を割き泥亀の首を切落すもまた痛々しからずや。或は牛肉牛乳を穢きものといはんか。牛羊の食物は五穀草木を喰ひ水を飲むのみ。その肉の清潔なること論をまたず。よく事物の始末を詮索すれば世の食物に穢き物こそ多からん。日本橋の蒲鉾は溺死人を喰ひし鱶の肉にて製したるなり。黒鯛の潮汁旨しといへども、大船の艫に付て人の糞を喰ひし魚なり。春の青菜香しといへども、一昨日かけし小便は深くその葉に浸込たらん。或は牛肉牛乳に臭気あるといはんか。松魚の塩辛くさからざるにあらず、くさやの干物最も甚し。先祖伝来の糠味噌樽へ蝍蛆と一緒にかきまぜたる茄子大根の新漬は如何。皆是人の耳目鼻口に慣るると慣れざるとに由て然るのみ。慣れたる物を善といひ、慣れざる物を悪しといふ。自分勝手の手前味噌だに嘗るその口へ、肉の「ソップ」が通らぬとは、あまり不通の論ならずや。或は又肉食の利害損失を問はず、ひたすら我国の風にてこれを用ひずとの説なきにあらざれども、今我国民肉食を欠て不養生を為し、その生力を落す者少なからず。即ち一国の損亡なり。既に其損を知りまたこれを補ふ術あらば、何ぞその術を施さざるの理あらん。一軒の家にして、病人の多きは我家風なりとて医薬を用ひざる者あらば、これを知者といふべきか。(中略)

牛乳の功能は牛肉よりも尚更に大なり。熱病労症等、その外すべて身体虚弱なる者には欠くべからざるの妙品、たとえ何等の良薬あるも牛乳を以て根気を養はざれば良薬も功を成さず。実に万病の一薬と称するも可なり。ただに病に用るのみならず、西洋諸国にては平日の食料に牛乳を飲むは勿論、乾酪乳油等を用ること我邦の松魚節に異ならず。瑞西国（スイス）などは山国にて海魚に乏しく、山家の民は牛乳のみを以て滋養の食物と爲せり。願くば我国人も今より活眼を開き、牛乳の用法に心を用ることあらば、不治の病を治し不老の寿を保ち、身体健康精心活発、始て日本人の名を辱しめざるを得べし。

牛乳製造の種類

一、牛乳（洋名ミルク）

牛の乳を搾りそのままこれを飲む。或は砂糖を和するもよし。また或は口に慣れざる者は茶「コッヒー」（茶の類船来品）を濃く煎じ混和して用れば味甚だ香し。身体の滋養を助け食物の消化を促し腹合をよくし元気を増すこと百薬の長と称すべし。また子を育るに牛の乳を用れば乳母を雇ふに及ばず。

一、乾酪（洋名チーズ）

牛の乳を製して乾餅の如くなしたるものなり。塩気を含み味甚だよし。永く貯置くべし。（中略）
右は我会社にて製する所の品なり。其功能は用ひて知るべし。およそ日本国中の府藩県にて牧を開き牛乳の製法を弘めんとする者あらば、我社中は悦て其法を伝へ天下と共に裨益を謀るべし。

明治三年庚午季秋

東京築地中通り　牛馬会社」

実に福沢諭吉らしい文章である。明治初めの雰囲気に溢れていて面白い。肉食や牛乳を飲むことを勧めるに熱心であるあまり、日本の伝統食である蒲鉾や黒鯛や青菜や糠味噌漬を不衛生だと口を極めて罵っている。そのロジックに福沢先生の本性を感じる。時代の精神に喧嘩を吹っ掛けている感じだ。現代ではまずお目にかかれない過激な文章である。食生活の西洋化も明治維新の一部を成していたことが良く分かる。また酪農の産業化も提唱されている。

福沢諭吉は肉食や牛乳を飲むことが理性的で健康的な「文明人」の証拠だというぐらい

の勢いで書いている。福沢先生は胃腸病にかかった際に弟子が牛乳を病床へ運んで栄養補給して助かったので、ますます牛乳礼賛派となったのであろう。しかし福沢諭吉は牛乳を飲んでお腹がゴロゴロはしなかったのだろうか？

このような論でいけば筆者のように牛乳が飲めない（飲まない）者は「非文明人」に分類されるらしい。それが今でも「可哀相に」と思われる遠因なのであろう。

現代でも牛乳は滋養があり身体に良くて背が伸びて骨を強くするなどとされている。それらを否定するものではないが、そのような考え方の半分は福沢先生以来の広告宣伝のせいではなかろうか。

それ以前では幕末に医師松本良順が牛乳を飲むことを勧めている。また牛乳を飲む行為で思い出すのは正岡子規の闘病記である。明治三十年代前半のことだが滋養のため病床で盛んに牛乳にココアを入れて飲んでいる。また宮沢賢治の『銀河鉄道の夜』も思い出される。主人公は病気の母親のため牛乳屋へいつもの牛乳をとりに行くところから宇宙の旅がはじまる。その描写はどこか西洋的で理知的だ。牛乳には西洋文明の裏付けがあるように感じられるのはこのような文学のせいである。酪農—牛乳—北海道という連環も思い浮かぶ。幕末明治期における牛乳問題は面白い研究テーマなのだ。全く飲めないが故に興味深い。

【追記】

乳糖が分解できないばかりに、スーパーなどでは成分表を吟味する羽目に陥っている。洋菓子もほぼ危険なので「菓子の名前が横書きなら食べられませんが、縦書きならば食べられると思います…」などと言っている。しかし最近は和菓子に見せかけて乳成分を含むものがあって危険である。そういうわけなので甘味と言えば干柿がもっぱらで、ベランダで自家製している。

「近時新聞」第十九号（平成二十六年七月十五日）

武士の起源

「士道不覚悟」という単語が幕末史で用いられる。新選組を描いた小説によく登場する語句だ。坂下門外の変では老中安藤信正が後ろを見せて逃げたのが失脚の理由という（このあいだテレビで西部劇を見ていたら主人公が「俺の弟は後ろから撃たれた」と決闘相手を問い詰めていたので、ガンマン道もあるらしい）。武士道というものにあまりこだわってなさそうな坂本龍馬でさえ春猪の婿清次郎に「出てきたならば少しは武士道の指南をしてあげよう」と手紙に書いたり「今時の戦争は銃が主流なので本当のところ刀はなくても良いのだが、そういうわけにもいかず（武士が二本差ししないわけにもいかず）、二尺一二寸の刀に四五寸の短刀という組み合わせが宜しい」などと同じ手紙に書いている（慶応二年十二月四日家族あて書簡）。またおりょうに武家の作法書である「小笠原流諸礼の本」を読ませようと実家に手配もしている（慶応元年九月九日付、乙女・おやべあて書簡）。「武士であることの意識」あるいは「武士という型式」が幕末に普及していたことの表れだ。しかしながら武家社会が終わって久しい現代では「武士であること」や「武士道」などと言われてもピンとこない。御恩奉公を基本とした鎌倉武士が起源なのであろうか。あるいは主君への忠義が強調される近世の問題なのであろうか。新渡戸稲造の『武士道』を少しめくってみたが、西洋古典の騎士との対比は面白いものの「武士道」そのものに筆者は感心できなかった。ずいぶん美化されているように思う。

武士の起源などと大袈裟な題名を付けてみたが、要は平安時代の話である。とりあげた『今昔物語集』は十二世紀前半に成立した説話集で、伝奇的なものが多く含まれる。高校時代の古文の時間に無理に読まされた頃とは異なり、平安時代史などを少し齧《かじ》った後で読めば面白い物語が多い。大人向けの話も多々ある。新興勢力であった武士の様子もいくつか描かれている。巻二十三の『左衛門尉平致経、明尊僧正ヲ導キシ語』では侍たちが夜中に都から三井寺まで僧正を護衛する様子が描かれる。無口で統率のとれた武士たちの姿はちょっと不気味である。

本稿では都人が見たある人物の様子を記した部分に注目したい。

『袴垂《はかまだれ》、関山ニ於テ虚死シテ人ヲ殺ス語』(『今昔物語集』巻第二十九、第十九)

「今は昔、都に袴垂という盗人があった。盗みが生業なのであるとき(検非違使に)捕まって牢獄に入れられていた。そのうちに大赦があって牢からは放逐され、京外追放となった。袴垂は行くあてもなく為すべきことも思いつかなかったので、関山（京都の東郊、山科～大津の境）あたりに行って裸で死んだふりをして路傍に伏せていた。そしてそのままピクリとも動かない。道行く者はこれを見て「こいつは何で死んだのだろう。疵もないようなのに」などと言いながら通りすぎる。そうこうするうちに立派な身なりの武装した兵（武者）が数人の郎党を引き連れて京の方からやって来た。その武者は何やら見物人が居るのを見て、馬を留めて従者に「あれは何か見てこい」と命じた。従者が走り寄って偵察して報告するには「疵の無い死人です」と。主人はそれを聞いて弓を手に取り、その死人に油断無く目を配りながら遠巻きにして道を通りすぎたのだ。これを見ていた人たち（近くの農夫であろうか）は手を叩いて笑い「なんと臆病な武者なのか。死人を恐れるとは」などと嘲ったのである。その後、道行く人も絶えた頃、また一人の武者が単騎で通りかかった。そしてその死人に近づいてきて「こいつはどうして死んだのだろう。疵もないようだが」などとこづいて見る。弓の先端でその死人をつついていると、突然その死人の手が伸びてきて、弓をむんずとつかむと同時に思い切り引っ張ってその武者を馬からどうと引き落とした。そして「親の敵」などと叫びながらその武者が帯びていた刀を引き抜くと一撃で武者を刺し殺したのだ。そして武者から身ぐるみを剥がして自分で着込み、武具馬具までも盗んで馬に這い乗り、飛ぶが如くに東へと向かったのである。袴垂はやがて郎党を増やしていったのだと……云々」

この話の教訓は死人に見えても罠かと警戒した賢明な武者と死人と見誤って逆に殺された軽率な武者の対比、すなわち「油断大敵」である。しかしながら死人に見せかけて武者の身ぐるみを剥いで東国へ下った袴垂こそが魅力的である。知勇を兼ね備えた盗賊だ。この袴垂のような者の子孫がのちに板東武者と呼ばれる武士団を形成したのではなかろうか。そんな思いを抱かせる説話である。「袴垂」という名前も興味深い。袴の長い異形の風体なのだろうか。また「関山」が東国への出入り口であることも分かって歴史地理的にも面白い。西国ではなく東国へ下ったところもポイントだ。ちなみにこの話のひとつ前が「羅城門の上層に登って死人を見た盗人の話」（芥川龍之介の『羅生門』の原典）である。

平安時代の中頃、おそらく十一世紀頃のことであろう。藤原道長や頼通の時代である。宮廷貴族の優雅な暮らしの陰で起こっていた殺伐とした光景である。この袴垂の心根には「正々堂々」とか「名を惜しむ」とか「御恩奉公」とか「主君への忠義」とか「任務の遂行」とか「天下国家のため」などの格好良い近世的な概念はまるでなさそうだ。幕末の武士道とは正反対に見える。しかしながら形骸化した律令国家体制とは無関係に自力で（武力で）生きることを示す潔さがある。その意味では都の貴族社会に対するアンチテーゼが袴垂の生き方だ。いざという時は刀を（奪ってまでして手に入れて）抜いてなんとかする姿だ。武士であることとは何か？はこのあたりまで遡って考えることも必要ではなかろうか。その意味を考える一文である。

（筆者は今年伏見区から引っ越して山科区の東側に居を構えた。そのベランダからは畑も見える。袴垂が虚死していたのもこの辺りなのかと思う）

【追記】

袴垂は盗賊であって武士ではない。身分の固定化した近世的な武士ではないのは確かだ。武士には実態がまずあってそののちに理念が生じたのではないかというのが筆者の述べようとしたことだ。理念が先にあるのではなかろう。

「近時新聞」第二十号（平成二十六年十二月一日）

孝明天皇陵に見る王政復古

孝明天皇（天保二年誕生。弘化四年―慶応二年在位）は仁孝天皇の子にして明治天皇の父、激動の幕末期の帝。天皇の崩御は慶応二年十二月末、三十六歳のことであり、翌慶応三年一月末に泉涌《せんにゅう》寺裏の後月輪東山陵に葬られた。本稿はこの孝明天皇の御陵をめぐる考古学的な文章である。

孝明天皇陵外観

筆者は数年前に宮内庁の許可をもらい孝明陵に近づいて写真を撮影したことがある。目的は御陵の内部構造に関する論文を書くためであったのだが、それは未完成である。

指定の日時に博物館からも近い泉涌寺横の宮内庁事務所へ歩いて行った。そこで待ち受けていた係官から「宮川様、本日は特別参拝ですね」と問われて、「えっ？　いや、あの……はい」と答えた。普段着に肩からカメラをぶら下げただけのラフな古墳見学スタイルであったからだ。考古学的な調査のつもりが結構おおごとになっていた。宮内庁事務所の前でタライの水で手を濯いだのち係官の先導で参拝路を登っていった。その際に「私のような特別参拝をされる方が時々はありますか?」と尋ねると「ございません」との返事に一層緊張した。皇族だけが参拝する場所らしい。一般参拝者用の柵をくぐって先に登り、陵前の広場に着くとそこにはすでに蓆《むしろ》が敷いてあった。「どんな形式でも結構ですので拝礼して下さい」と言われたので靴を脱いで蓆の上に立ち、そのまま頭を深く下げて拝礼を済ませた。そののちに係官立会のもとで陵墓墳丘の周囲を一巡して様々な角度から御陵の写真を撮影させていただいたのである。

慶応三年前半に築造された孝明天皇の御陵は歴史的・考古学的に重要な位置を占めている。京都国立博物館には大正時代に模写された「孝明天皇御凶事式」という巻子六巻が保管されている。この巻物は孝明天皇崩御から山陵の造営までを記録したもので、写真が一般的でない時代に文字だけでは伝わらない大葬の記録を絵図と文章を合わせて記したものである。のちの大葬の鑑であったらしい。原本は宮内庁にあるらしく、京博本はその模写(大正時代初めの孝明天皇五十年祭に際しての展示品か)である。

この巻子は報告したことがあるが(宮川禎一「『孝明天皇御凶事式』にみえる山陵造営

関係記事」『学叢』第三十二号、平成二十二年)、葬儀の段取りが淡々と記してあるものだ。神事と仏事の切り分けが面白い。絵の表現も顔に表情などなくドラマチックな表現でもない。引き気味の画面で、人物図は小さい。焼香や葬列を描いた場面に将軍慶喜や守護職の松平容保なども登場するが、別に他の人物と区別のある表現ではない。位階に即した装束の黒や赤などの色合いだけは正確に表現されているようである。あくまでも後世に役立てるマニュアル本なのである。

この記録で考古学的に注意すべきは御遺骸を納める木製の棺などの大きさが正確に記されていることだ。また棺内に何を納めたかの記述も面白い。副葬品だ。ただし石室構造など主体部の様子の記述や絵はない(実際は立方体の深い竪穴式石室である)。

この孝明天皇陵の造営主催者は山陵奉行に任ぜられた戸田大和守忠至《ただゆき》である。宇都宮藩の家老であった彼は文久~元治の修陵を経て経験を積み、この孝明陵造営の任にあたったのである。陵墓の修理は江戸時代に度々建言されていたようだが、幕末のこの時期にいたったようやく実行されたのだ。小藩であった宇都宮藩にとっては軍事をともなう攘夷も難しく、幕府にも朝廷にも都合の良い河内や大和の天皇陵の修築が藩の方針とされていたのだ。文久二年からの畿内の山陵修理に際しての経験が慶応三年の孝明天皇御陵造営のモデルとなった可能性が高い。河内に多い前方後円墳ではなく、飛鳥地域の多角形墳（円墳に見える）を採用したところも面白い。

さらに孝明陵の頂上に大きな石を載せている。絵図面が残っているのでそうと分かるが、現状は樹木が繁茂していて墳丘裾部からは目視できなかった。通常の古墳では墳頂部に巨石を置くことはないのだが、飛鳥地域の古墳を巡検した戸田大和守は古墳の頂きに削平されて露出する横穴式石室の天井石（山陵図に多い。石舞台古墳を想起されたい）をよく見ていたので陵墓の形とはこのようなものだとの認識から孝明陵に採用したのであろう。ここが「復古」である。造営当時の絵図面にも巨石を引き上げるための人力重機の図が描かれている。現在の御陵の頂きの高さを見るにつけ巨石を引き揚げた労力の大きさは想像を絶する。

江戸時代の天皇の墓は泉湧寺の奥にある。石塔をともなう墓碑＋竪穴式石室（土葬、建前は火葬）であったのだが、この孝明天皇陵はいわゆる復古調の墓である。戸田大和守の積極的な建言が元なのだ。孝明陵は明治天皇の桃山陵や大正天皇の多摩陵などへと続く近代天皇陵の原型となったのである。

幕末に於ける尊皇のありかたのひとつが戸田忠至による修陵や孝明陵造営であった。彼は山陵修繕の功によって朝廷から「大和守」を賜り、幕府からは家老出身者としては異例の一万石をもらって大名に出世したのである。政治軍事だけが王政復古ではなかったことを示す一例である。

「近時新聞」第二十一号（平成二十七年二月十五日）

青木周蔵の開眼

『青木周蔵自伝』（平凡社〈東洋文庫168〉、昭和四十五年）の冒頭部分を読みながら、この秀才が辿った学問的な成長記録がとても興味深く思えたのでここで一文にまとめてみたい。青木周蔵（天保十五年―大正三年）は萩藩出身で、明治時代に外交官・外務大臣として条約改正などで活躍した。明治期の「ドイツ的なもの」の基礎はすべてこの青木周蔵が作ったと言っても過言ではない。彼が西洋を志向するようになった青少年期の勉学の履歴がまことに面白いのである。

『自伝』は「私は長門国厚狭郡小埴生村に在住したる三浦玄仲の長男であった」ではじまる。現在の山口県山陽小野田市埴生小埴生である。彼の幼名は三浦団七、のち三浦玄明となる。

「三浦の祖先は松平周防守康親の家臣だったが、数百年前には故あって浪人となりこの地で医者となった。その後裔もまた医者であり、私の父もそうだったので、父の身分も勿論平民であった。私は成長するにつれ学問を志すようになったのだが、封建治下においての階級制度の桎梏は私のような平民の子弟で向学の念のあるものには頗る困難を感じさせた」とある。

「萩の明倫館には士族の子弟でなければ入れなかった」との記述からは学問を求めた少年の苦渋が窺える。彼は「程度低き宇部の学校では充分な勉学が望めず、さりとて藩学に入ることのできぬ身分なれば、どうしようかと考えたあげく、他所に出て階級制度に縛られない土地で勉学をしようと決心し、十七歳で宇部の対岸にある豊前中津に赴いたのだ」とある。万延元年の初め頃のことだ。

青木周蔵は豊後日田の広瀬淡窓の漢学塾、咸宜園《かんぎえん》に入りたいと漠然と考えていたためにその途中にあたる中津に渡ってきたのだが、そこで「巨大なる一城郭を見るにおよび、忽ち日田行の不可を悟った」とある。彼が初めて眼にした中津城（黒田官兵衛築城）が「巨大なる一城郭」とは中津南高等学校出身の筆者には笑える話なのだが、長門の村医者の息子が初めて城を見たためにそう感じたのであろう。そして彼は日田咸宜園に向かうことをやめて中津で学ぶべき学者を探したのだ。

尋ね歩いた末に中津藩の漢学者手島仁太郎の誠求堂に入門し、四書五経を主とする徂徠学を学ぶこととなった。手島が急逝したのちは手島の実弟橋本忠次郎から「歴史の講究」を教えられたという。国家や政治への興味はこの橋本氏からの影響が大きかったようだ。

文久元年の終わり頃、この中津で青木周蔵の人生に転機が訪れた。

「橋本氏が偶然、私に語って云うには、親戚に福沢諭吉なる者がある。今回幕府から北米合衆国に派遣される使節〔実際は幕府の遣欧使節団〕に随い、同国に赴くことになったので、告別の為、現に中津に在住するその母（於順）に一書を贈り、金百両および自己の写真が添えてあると云う。今より福沢の宅を訪れて彼の書簡と共に請うて一見させてもらおうと思うが、同行しないかと云う。私は喜んで随行を請い、一緒に福沢氏の家に行った。福沢氏の母は諭吉氏の書簡を橋本氏に示し、写真は私も見せてもらった。これが私の見た初めての写真であった」

青木は橋本氏と福沢老母との会話をそばで聞きながら福沢諭吉という人物の一部を知ることができたのだ。「これを聞いた私は胸中に一種の感慨を抑えられなかった」と記している。あとで知人に福沢諭吉の学問経歴を聞き及ぶに至って「この時、私は福沢氏こそが我が学ぶべき人だ、福沢氏のなした修学の方針に倣って努力すれば必ず目的に達するであろうと信じた」と書いている。青木が漢学から洋学（蘭学）へと転向したのは中津の福沢宅でのこの出来事がきっかけだったのである。長州の若者が周防灘を渡って豊前中津に来なければ起こらなかった偶然の出来事である。しかも福沢本人には逢っていないのだ（封建的身分制度への憎悪は両者に共通する）。

青木は翌文久二年に長門に戻り、萩の医学校に入った。彼の優秀さは大村益次郎も認めている。慶応年間には青木家の養子となり青木周蔵と改めた。藩に対しては何度も欧州留学を願い出たが、プロシアへの留学がようやく実現したのは慶応四年であった。木戸孝允の尽力という。中津で福沢諭吉に感化されてから七年後のことだったのである。

文久元年に青木周蔵が訪ねた福沢諭吉の家は萱葺のほんの小さな建物である。現在は隣の福沢記念館や中津城などとともに中津の観光名所になっている。青木はここで福沢の勉学の様子を聞いて強い影響を受けたとあるが、金百両の方を見てどう思ったのだろうか。この百両は福沢が幕臣として欧州に派遣される際の支度金四百両の一部であり、苦労をかけた母への礼である。

また青木が生まれて初めて見たという写真とは福沢諭吉が咸臨丸で渡米した際、サンフランシスコの写真館でアメリカ人の少女とともに撮られた有名な写真のことである。福沢諭吉は米国で客死したとの酷い噂も地元で流れていたので、元気な様子を郷里に示そうとしたのだ。中津の人々が初めて見た写真が諭吉と異国の少女のふたりで写ったものだったのできっと驚いたであろう。見物客があとを絶たなかったという。青木はその写真を見てどう思ったかについて何も書いていないが、少し想像できることがある。実は青木の最初の妻は萩の青木研蔵の娘テルであったのだが、それを離縁し、明治十年にドイツ人男爵の娘エリザベート・フォン・ラーデと再婚したのである。その国際結婚がかつて中津の福沢宅で見た写真と全く無関係だとは筆者には思えないのである（考えすぎか？）。

十八歳という成長期に中津城下で福沢諭吉の存在を知り、「写真」を見たことが青木周蔵の人生を変えたのだ。それは日本の近代化を推進する原動力ともなったのである。

豊前中津の関係者としてちょっと書いてみた次第だ。

【追記】

本文は本書「写真の威力」（一九二頁）を増補した内容だ。写真はそちらを参照いただきたい。人間にはそれぞれなんらかのきっかけがあって人生の転機がもたらされたことだろうが、このように自伝に書いてくれると有難い。

「近時新聞」第二十二号（平成二十七年六月十五日）

再発見！　龍馬の脇差

平成二十七年の初夏、筆者は北海道札幌市内のホテルで坂本龍馬の遺品である脇差一口を眼前にすることができた。この「龍馬の愛刀再発見」のニュースは九月の半ばに共同通信が配信したので記事をお読みになった方もいらっしゃるだろう。その脇差が現れた際の様子をここに記しておこう。

六月二十七日の午前十時、札幌市の某ホテルのロビーに坂本家関係の男性が約束どおりお越しになった。初対面のため双方が多少戸惑ったのは事実だ。抱えたバッグの中身があの刀であろうと思いつつ、ほどなく高知県立坂本龍馬記念館の前田学芸課長も来られたので、ラウンジでコーヒーを飲みながら簡単な挨拶を交わした。そののち筆者の客室に移ってその刀を見せていただいたのだ。

白鞘から抜かれ、テーブルに置かれた白光りするその脇差は想像したとおりのサイズであり、保存状態も良好で、鞘には「阪本龍馬佩刀」（阪本はママ、吉行の鞘墨書は「坂本」である）の墨書があった。長く探していた刀がようやく眼前に現れたのにも関わらず「これだったのか」とやや冷静な気持ちだった記憶がある。

筆者がこの刀の存在を知ったのは十年ほど前に京都大学附属図書館にある『坂本中岡両先生遭難五十年記念祭典記事』を読んだからである（以降『祭典記事』と略す）。大正五年十一月十五日に東山の霊山で挙行されたこの五十年記念祭典は島田正章委員長の主催で開催された盛大なもので龍馬・慎太郎に関わる来賓も多数参列している。高台寺本堂ではこの日一日限りの龍馬と慎太郎の遺品展が開催されたと記されている。入場者が約二千人だったとは驚くべき数字である。

この展覧会にはかなりの数の遺品書状が出陳されていて博物館で龍馬の展示を担当する筆者には興味深い出品リストが残る。「この作品は現在どこにあるのだろうか？」という職業的興味である。島田正章の性格なのかこの『祭典記事』は詳細にして正確である。そのうちの「記念遺墨展覧会」の項と出品リストの一部を左に引用してみよう。

「五、記念遺墨品展覧会

展覧会は高台寺本堂の一室を以て之に充て、当日午前九時より午後四時まで一般の観覧に供す。遺墨品蒐集に関しては数月前より委員全部最善の力を尽したり。殊に展覧係の苦慮察するに余りあり。其結果として陳列品の点数意外に多く、未だ世に知られざりし逸品も亦た少からず。為めに会場の狭隘を感じ、到着の後れたるもの若干品は遂に之を陳列する能はざりしは頗る遺憾とする所なり。来館者の数は精確に之を知るを得ずと雖も、会場入口に於て配布せし両先生略伝の数により推測すれば約弐千人なり。之れ何れも学者志士にあらざれば、両先生を追慕すること深き篤志家にあらざるなく、陳列品は一つとして両先生の遺烈を顕彰して当世を警醒し、又た維新史の事実を開明するの資とならざるなし。且つ又た展覧の当日及其前後に於て遠近多数の貴重品の借受返附及保存方法に付ても幸に何等の遺漏なく、能く其目的を遂行することを得たり。而して出品文書の主なるものは撮影して永く本会に保存することとせり。当日陳列品及出品者の氏名左の如し。（頭のあいう〜は筆者が区別のため付した）

あ、坂本龍馬先生の写真　一枚
い、坂本先生の令兄権平直方氏の写真　一枚
う、坂本先生肖像画　公文菊僊筆　一幅
え、坂本先生傳　男爵岩村貫堂著　一冊
お、坂本先生幼時佩用の刀

備前長船五郎勝光左京進宗光合作　一口
か、坂本先生遭難の際所持の刀　吉行作　一口
き、坂本先生遭難の際床の間に掛りたる血染の軸
板倉槐堂筆　一幅
く、海援隊秘記　一冊
け、同　日記　一冊
こ、坂本家々系書　三冊
た、坂本家先祖書指出控　一冊
ち、勝海舟坂本先生を吊ふの詩　一幅
つ、坂本先生宛木戸孝允の書　一通
て、坂本先生の手帖　一冊
と、坂本先生厳君より先生に與へられたる修行中の心得書　一通
な、小栗流秘傳　三冊
に、小野淳助の書状写　一通
ぬ、坂本先生書状　九通

ね、建白書写　一通
の、和歌　三首
は、高知市に建立せし記念碑文の写　一通
右弐拾弐種三十六点遺族坂本弥太郎氏出品（後略・傍線筆者）」（二十二種は誤りで二十一種が正しいようだ）

大正五年に札幌在住の坂本弥太郎氏から出品された龍馬の遺品であり、その多くが昭和六年に恩賜京都博物館（現京都国立博物館）へ寄贈されている。この時期にはまだ書簡類が現在のような巻子には仕立てられていないことも分かる。出品リストのうち博物館に寄贈されなかったものは「あいうえおち」の六件であり、そのうち「あいうえち」は坂本家に残され最近高知県立坂本龍馬記念館で調査された多数の資料の中にあるらしい。問題は「お」の「坂本先生幼時佩用の刀　備前長船五郎勝光左京進宗光合作　一口」である。

この刀が間違いなく北海道の坂本家に存在していたことは坂本家蔵写真の中にある一枚（前田氏教示・大正〜昭和初期に撮影された写真）からも分かる。その写真とは「血染の軸」を背景にして三本の日本刀の刀身が写ったものである。最上段は「吉行」銘の「遭難時の刀」であり、二段目が「埋忠明寿」銘の刀（これも京博蔵）そして最下段のやや細く短い刀が「備前～」銘の刀である。しかしこの刀は故坂本直行氏（弥太郎長男）のお宅にも現存していなかった。行方不明だったのだ。

筆者は『祭典記事』の「刀の銘」とこの写真から「坂本先生幼時佩用の刀」はどうにかすれば見つかるのではと考えていた。博物館の刀剣担当者に「刀業界に手配書をまわす」などの方法で見つけられないものかと相談したりしていたのである。

しかし近年、龍馬記念館の前田氏から「札幌市内の坂本家関係者のお宅にあるらしい」と聞き、驚きつつも喜んだのだ。そして別件で札幌を訪れることとなった本年（平成二十七）六月、前田氏に所蔵者の連絡先をお聞きして電話と手紙でコンタクトをとり「是非拝見させていただきたい」とお願いしたところ、御自宅ではなく筆者宿泊予定の札幌市内のホテルで刀を見せていただけることとなったのである。

拝見した脇差に附属している「登録証」の記載を写すと、種別は「わきざし」長さ「52・3センチメートル」、反り「1・8センチメートル」、目くぎ穴「1個」、茎の銘文は（表）「備前國住長船二郎左衛門尉勝光左京進宗光」（裏）「永正二年八月吉日」である。『祭典記事』の銘とは微妙に異なる（二郎か五郎かは判読しづらい。刀工的には二郎が正しい）。永正二年は一五〇五年。室町時代の備前長船の有名な刀工（勝光［五代］が甥、宗光が叔父）の合作という。『祭典記事』では「幼時佩用の刀」となっているが、子供が持つようなものではなく、それなりの高価な刀であるとは博物館の刀剣担当者の言である。

刀身の下部（茎ちかく）には表裏に漢字で菩薩名が刻まれている。表は「五大力菩薩」、裏は「八幡大菩薩」の五文字ずつである。その文字はやや浅くなっているので、経年の砥ぎによるものだろうか（大正二年の釧路市大火で吉行とともに焼けてのち札幌で研磨されたともいうので、その際の影響か。ただし銘のある茎には焼損の様子は見られない。吉行の茎は赤茶色に変色していて焼損が顕著である。拵《こしらえ》がなく白鞘のみなのは京博の吉行と共通する。また所蔵者からはこの刀が家に伝来した事情も少しばかり伺った。いずれの時か京都でも「吉行」や「埋忠明寿」とともに展示させていただければと所蔵者にはつよくお願いをして、その日の夕方には北国札幌を離れたのである。

龍馬の刀をめぐってはまだまだ検討すべき課題が多い。しかしなにはともあれこの脇差が世に出てきたことを喜びたい。

「近時新聞」第二十三号（平成二十七年十月十五日）

北斗七星の指す方角

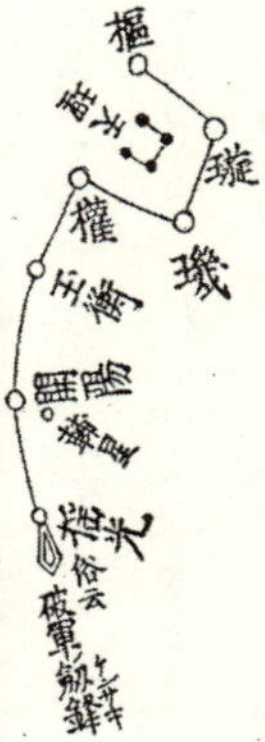

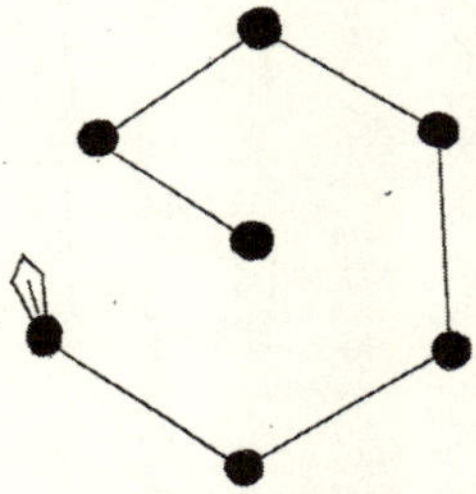

右　「北斗星図」(『和漢三才図会』国立国会図書館蔵)、左　「北辰一刀流七星紋」(「北斗七星図」)

今回は坂本龍馬の「北辰一刀流長刀兵法目録」(安政五年正月)のことを書いておきたい。平成二十七年秋に高知県の所蔵者から筆者に「鑑定」を依頼されたものだ。ただしこの目録は鑑定するまでもなく最初から本物である。しかしだからといって「検討の必要はない」という考え方を筆者はとらない。どんな史料でも改めてよく見ることが肝要だ。

見返しの「七星図」について記しておこう。最初に高知の新聞記者から目録の写真を見せられた段階でとても不思議な形だと思った。北斗七星の七星かと思って見ると渦を巻いていて、ひしゃく(斗)には見えない。そこで北極星(北辰)の近くの別の星座かと考えて古い星座図を調べたりしていた。しかしこの七星が北斗七星で良いことはすぐに分かった。それは図像の左下の星(最後の●)の先に小さな尻尾のようなものが付いているが、これがその星の古名「揺光」、別名「破軍星」を表す「剣先」だったからである（挿図参照）。破軍星は「はぐんしょう」と読むらしい。あまたの星の中で剣先を持つ星などこれ以外にない（もちろん実際の星には剣先は生えていない）。北斗七星の七つめ、柄杓の柄の尻にあたる星だ。英語名はアルカイド（Alcaid）である。北斗七星は北半球では北極星の周りを時計の針のように一日一回転（左回り）、一年でも大きく一回転するように動いている。地球の自転と公転によってそう見えるのだ。

『和漢三才図絵　巻之一　天部』の「北斗」の解説に「第七ノ揺光ヲ破軍ノ劒鋒（剣先）ト為シテ、諍論勝負対座スル人之ニ逆向フハ則チ百事不利ト為シ、好事ノ者ヤヤモスレバ考ヘテ劒鋒ニ向ハ不ルコトヲ欲ス」云々とある。すなわち「その星に向かって戦えば必ず敗れ、その星を背に戦えば必ず勝つ」とされた勝負の星なのである。そんなの古い迷信かと思いきや、近現代でも信じる勝負師が居るらしいので驚きだ。賭場において破軍星の現在方位からそれが背になるように自分の座る位置を決めるらしい。江戸時代後期には破軍星の現在方向を求めるための紙製の星座早見盤のような資料もある。現在のアプリである（「破軍星早繰」で画像検索して下さい）。

龍馬の免状にあるこの「七星図」を清河八郎の免状のそれと比べてみようと思い、山形県庄内町の清河八郎記念館に電話して「写真を下さい」とお願いしたところ、快く対応いただいたので有難い。清河の免状にもそんな図像があったような気がしていたが、博物館へ送られてきた写真を見て驚いた。清河八郎（本名齋藤元司）が嘉永五年に千葉周作から受けた「北辰一刀流兵法箇条目録」の見返しの七星図が龍馬のそれと全く同じデザインだったからだ。破軍星の剣先も同じだ。ただし星の色が龍馬のほうは青色であるのに対し、清河のほうは赤色である（この色の違いには意味があるはず）。清河の免状のもう一巻「北辰一刀流兵法免許」は万延元年に千葉栄次郎・道三郎兄弟（千葉周作は安政二年没）から「清川《ママ》八郎」に出されたものだが、こちらにも七星図があり、星の色は青色であった。

その他、鳥取県立博物館が所蔵する多数の剣術免状のうち「北辰一刀流兵法目録」一通は元治元年三月に千葉定吉が平野告之丞（鳥取藩関係者か）に出したものだが、その見返しにも龍馬のものと全く同じ七星図が表現されている。剣先付きの破軍星もある（本物ではなく、モノクロコピーで残っているために星の色は不明である）。

清河の嘉永五年の目録には道歌として破軍星が出てくる。「我が躰は破軍の星のかたちにて敵する方にまわす剣先」とある。千葉周作は北辰一刀流の極意を歌や図像として残したのだ。北辰妙見菩薩は古来千葉氏の守護神であり、千葉神社の御神体である。北辰一刀流の名前の元にもなったのだ（千葉家の家紋は月星紋と呼ばれるものでこれとは異なる）。このような七星の図像は千葉氏に限るものかと思えばそうでもないらしい。京都洛北の鞍馬寺に伝わる「弁慶の鉄扇」にも紺地に金で七星が表され、先端の星には剣先まで描かれている。この鉄扇はおそらく江戸時代後期のものであり、十二世紀の武蔵坊弁慶の所持品とは認められないが、北斗七星を戦や勝負の守護神とする考え方と図像が江戸時代後期には広まっていたことが窺えるのである。

また戊辰戦争で「破軍星旗」を掲げて新政府軍と戦った庄内藩二番大隊も有名であり、その旗に示された「逆さ北斗七星」の図像も興味深い。このような七星図は今後も類品が出てくるであろうし、その意義もより分かって来るに違いない（現在の『高島易』などの和暦本にも破軍星のページがあるが、ごく表面的な解説なので、現在はあまり使われていない占星術に入っているようだ）。

龍馬の「北辰一刀流長刀兵法目録」を再検討する意義の一部を述べた。なお目録の内容については、松岡司「初見の坂本龍馬書状と北辰一刀流長刀兵法目録」（『日本歴史』四五四号、昭和六十一年）を参照されたい。

「近時新聞」第二十四号（平成二十八年三月一日）

歴史の最終評価者

坂本龍馬の歴史的評価に関する議論は今も喧《やかま》しい。「薩長同盟の成立に大きく貢献した重要な人物だ」であったり、「いやいや、ただの使い走りであって、実は大したことのない人物だったのだ」などである(現代人によるこのような評価の差は歴史学的ではなく文学的な研究課題だ。歴史研究の名を借りて何か言いたいことがあるらしい)。

今回は神様でもない後世の人間が「龍馬の評価はああだこうだ」などと言ったり書いたりしても良いものかどうか、というテーマを掲げて述べてみたい。

話は文学の分野のことだが、筆者はチェコの作家カレル・チャペック(一八九〇―一九三九)の作品が好きだ。心から敬愛する作家のひとりである。墓参りのためにプラハを訪れたこともあるほどだ。チャペックは現在、世界中の誰もが使う「ロボット」という言葉の発明者である(一九二〇〈大正九〉年の戯曲『RUR』から)。また代表作『山椒魚戦争』(昭和十一年刊、創元推理文庫版・昭和四十三年)はナチスドイツの台頭を受けた人類史的・文明論的SFだ(この小説が書かれた当時にはSFという言葉はないが。筆者が最初に読んだ作品がこれだ)。『園芸家十二ヶ月』という園芸随筆も面白い。心温まる童話（住所不明の女性あての封書を届けようとする郵便屋さんの話など）も数多く書いている。しかしながら彼の真価が最も発揮されているのは短編小説だと思う。

ここではチャペック作の短編集『ひとつのポケットから出た話』（栗栖継訳、晶文社版、平成九年）所収の「最後の審判」という題名の小説について述べてみよう。

「九人もの殺人を繰り返してきた悪党のクグレルは銃撃戦のすえ警察官に射殺されたため、生きて裁判にかけられることはなかったのだが、あの世での最後の審判を逃れることはできなかった」というような書き出しだ。地獄での量刑を定めるその法廷はどこか人間世界の裁判所によく似ており、上座の裁判官たちもまた普通の人間と変らない様子だ。被告人のクグレルが「これが最後の審判なのか」と不思議に思っていると、裁判官から被告人の罪状を述べる証人として呼ばれたのは金の星を散りばめた青いマントを着た威厳ある大柄な老人、すなわち「全知の神様」だったのだ。裁判官たちは神様の話が長くなることを覚悟して眼鏡をはずして居眠りの準備をする様子である。

証人である神様は被告人クグレルの生い立ちから述べはじめた。甘えん坊であった幼少期から不良となった少年時代、そして成年となって悪人になるまでのすべてを神様は証人席で語るのである。そしてそれは悉く真実であるがゆえに被告人クグレルの心に響き、深い悔悟の念を抱かせたのだ。しかし裁判官たちは被告人の生い立ちや優しい心根についてあまり興味はなさそうだった。彼が実行した犯罪事実についての証言だけを神様に求めたのである。

被告人尋問も終わり、刑罰を定めるため裁判官たちが一旦退席した際、主人公は神様にこう聞くのだ「わたしはこれまで最後の審判では神様が裁判官なのかと思っていました。あの裁判官たちはいったい何者なのですか？」と。神様は「彼らは以前も地上で裁判官をしていた人間たちだ。この私にどうしてお前の裁判ができよう。裁判官たちはお前の犯した罪のことしか知らないが、私はお前のことはなにもかも知っているのだからね。クグレ、なにもかもだよ。私は証人にすぎない。罰のことは天上でも人間たちが決めるのだ。人間には人間以外の裁きを受ける資格がないのだ」と主人公に述べるのである。この審判の判決は地獄での終身刑であった、という短い話である。チャペックは学生時代パリ大学で哲学を学んだ。それゆえにどの作品も常にこのように思索的である。

筆者は「歴史の評価」もそれと同じだと思う。後世に生きるわれわれは残された史料から誰それはその局面でどうのこうのなどという評価を下している（歴史とは決して事実の時間的羅列ではない。事象の因果関係の解明、そして事象や人物に対する「評価」が不可欠だ）。しかし歴史とその人物のすべてを知っている神様から見たらどう見えるのだろうか（神の視点などという考えは無意味だというのならば、絶対的真実は存在するのか否かと言い換えても良い）。地上に多少の新史料が出てきたからといってその人物のすべてが分かるわけでもなかろう。新しい一面を見せてくれるだけである（すなわち歴史に対しては常に謙虚さが求められるということだ。さらに言うならば歴史を書くこととは書き手の持っている「価値観の表明である」ということでもある）。

しかしながら、そうだからといっても残された史料だけからその人物の「歴史上の評価」（審判と言い換えても良い）は下されなければならない。それは神様の役目ではなくて現世に生きる人間、すなわち歴史研究者の仕事なのである。人が人を評価するのだ。予断や偏見は可能な限り排除すべきである（零にすることは根本的に不可能だが）。神様の代わりである。責任は重い。

「近時新聞」第二十五号（平成二十八年九月一日）

第Ⅱ部　墨消しの真実

「犬歩棒当記」

矛盾する史料のはざま

龍馬の婚約者だったとされる千葉佐那について筆者は詳しく調べてきた。とても他人とは思えないほどにである。

千葉佐那の基本史料は明治二十六年八月二十一日に甲府の小田切家に滞在中の佐那にインタビューした山本節の「坂本龍馬の未亡人を訪ふ」という記事である。それは『山梨日日新聞』『読売新聞』『女学雑誌』にほぼ同じ内容で続けて掲載された。この記事の中で佐那は「龍馬と結納を交わした」と述べているのだ。二人の婚約の真相については更なる検証が必要だが、筆者の最大の疑問点はこの山本の記事に見える佐那の人柄である。記事全体からはこの五十六歳の千葉佐那は快活で、よくしゃべり、よく笑う明るいおばちゃんといった印象を受ける。ひとり寂しく晩年を送っていたようには決して受け取れないのだ。

筆者の違和感は佐那が「明るく、よくしゃべる」点である。確か坂本龍馬はこの佐那を姉乙女に紹介する手紙（推定文久三年・十四日付。北海道坂本龍馬記念館蔵品）で彼女のことを「至りて静かなる人なり。ものかずいわず」と書いていたではないか。

このふたつの史料が示す矛盾した千葉佐那像をどう見るべきか。龍馬の記述を重視して、山本節の観察と記述の不正確さを指摘する人もいるのだが、それはどうだろうか。

佐那の兄千葉重太郎が陽気でおしゃべり好きな江戸っ子だったことは丹波山国隊の記録『征東日誌』に明らかだ。その妹が無口とは考えにくい。桶町千葉道場には多くの侍が剣術の稽古に通ってきていたので、佐那は若い男性としゃべることには慣れていたはずである。では龍馬が受けた佐那の物静かで無口な印象はどうしてなのだろうか。

筆者の結論はこうである。千葉佐那は龍馬が本当に好きだったので「彼の前でだけ無口だった」のではなかろうか。猫を被っていたとは思わない。好きな男性の前でうまくしゃべれない女性。スポーツが得意でサバサバした男勝りな女性が本当に恋をした時に取る態度のように感じられるのだ。美人だった佐那が龍馬の死後も生涯を独身でとおしたことがその愛の深さを物語る。

これは実は「歴史の史料論」ではない。時空を超えた「男女の問題」なのである。

【追記】

千葉佐那の結婚問題については別に記している。一七八頁の「『マディソン郡の橋』の教訓」を参照のこと。

「犬歩棒当記」一（平成二十二年四月一日）

洋書の謎 ——おりょうの挿絵——

坂崎紫瀾の「汗血千里の駒」は龍馬小説の嚆矢である。明治十六年に土陽新聞に連載されたこの小説は事実と創作をとり混ぜた読み物であり、筆者はこれまで読まずに来た（すみません）。しかし昨年、岩波書店の『新日本古典文学大系明治編十六』に納められた土陽新聞版を読んで目から鱗が落ちた。内容の重要性もさることながら新聞連載時に描かれた挿絵がとても貴重だ。興味深い多くの絵の中に龍馬の妻おりょうを描いた挿絵がある。別名「鞆子《ともこ》」の画像だ。明治初年に高知へやってきたおりょうの姿を鮮明に記憶する土佐の人々がいて、十五年後に彼女の印象を挿絵画家の藤原信一に語って描かせたものだ。高知城の天守閣を背景にロンドン製（傘骨の中心部にそう記される）

龍馬未亡人「鞆子」の挿絵（「汗血千里の駒」第六十三回下、「土陽新聞」明治十六年、高知県立図書館蔵）

のパラソルをさし、坂本家の家紋入の着物に袴姿、袴の紐にはピストルを挿して、左手には洋書を抱えた、とても奇抜な姿なのだ。見返り美人の構図である。

単なる「絵」ではないことはその髪型から分かる。慶応三年十一月、下関で龍馬の死を聞いたおりょうは悲しみのあまりその髪を自分で切った。しかしこの挿絵ではその事情を知らないままに短髪で表現されたのだ。それはこの絵の信憑性の高さを示している。明治十六年ならば、おりょうを記憶する読者も高知にはいたはずだ。デタラメには描けない。

パラソルは坂本家に残されたものなのか？　着物に袴姿とは当時どう思われたのか？ピストルを腰に挿して道を往来しても良かったのか？　なぜ左手に（読めないだろう）洋書を抱えているのか？　などなど考えるべき点のとても多い画像だ。

龍馬は慶応三年六月二十四日付の姉乙女あての手紙の中で「妻には［ひまな時は本を読め］と言い聞かせています」と書いている。龍馬の言葉がこの左手の「洋書」に反映されているのだろうか。いや、もっと深い意味があるのかもしれない。

坂崎紫瀾も「見る者皆奇異の想いをなしたり」と記している。おりょうがいかに変わった女性だったのか、この挿絵が雄弁に物語っている。

「犬歩棒当記」二一（平成二十二年七月一日）

寺田屋遭難の一件――中井弘の書簡――

筆者は千葉佐那の関係で宇和島にはご縁があるが、その宇和島藩に関わる話題をひとつ。慶応二年一月二十三日深夜、龍馬は伏見の寺田屋で幕吏の襲撃を受けたが、その様子を記した書簡が宇和島にあるのだ。研究者はすでにご存知とは思うが、改めて紹介しよう。

手紙の日付は慶応二年二月三日なので事件の十日後。書いたのは薩摩脱藩で宇和島藩の情報係？であった中井弘（変名田中幸介）である。宛先は宇和島藩の家老松根図書。箇条書きの手紙の一部に寺田屋での事件が記されている。

「一、先廿三夜、於伏見船問屋寺田屋におひて土藩坂本龍馬並長人某県等一泊之処、伏水奉行林肥後守手ヨリ与力同心七八十人刀剣を以取圍ミ候所、坂本直ニ少茂不動、六眼銃を放ち掛、寄手少々退き候を見すまし、屋根を傳ふて逃去り申候。尤兼而良馬之婦人寺田やニ召置候を召連、三人共ニ行方不知相成候事。幕吏四五人即死。壱人龍馬と接戦いたし、良馬ニ手を負せ候付、御扶持米貳拾俵御褒美有之候事。

坂元行衛不相分、依而薩邸江潜居いたし候哉の風聞にて候。」

（宇和島・吉田旧記第七輯『松根図書関係文書』平成十一年）

驚くほど詳細で正確な情報である。実に興味深く、考えるべき点の多い内容を持っている。幕吏の死者が四五人であること。龍馬が長人（三吉慎蔵）と婦人（おりょう）とともに逃げたこと。龍馬に傷を負わせた幕吏に褒美が出たこと。薩摩藩邸潜伏のうわさ、などなど。

中井弘はどこで誰からこの事件の情報を聞いたのか？　そしてなぜそれを宇和島に知らせたのか？　この記述の前後には長州処分問題、一橋慶喜と幕府の確執、桂小五郎の入京、会津藩の動き、薩摩藩要人の動きなど、現在から見ても当時の京都情勢の重要な要素が漏らさず記載されているのだ。その中で寺田屋の一件がどうして報じられたのだろうか？あるいは中井は龍馬による薩長提携の動きをすでに承知の上で手紙に事件のことを盛り込んだのではなかろうか。後藤象二郎と親交を結び大政奉還を陰で支えた中井弘。維新史の名脇役である彼の情報通ぶりを示す貴重な手紙である。

「犬歩棒当記」三（平成二十二年十月一日）

「浪華のことも夢のまた夢」

「龍馬の手紙は歴史的である以上に国語的（文学的）に読むべきだ」とは筆者の持論だが、では本当にそう読んでいいのか？　そんな話題だ。

龍馬が「正月廿日夜」と日付した春猪あての手紙（北海道坂本龍馬記念館蔵）を従来の慶応三年一月ではなくて一年前の慶応二年一月二十日夜、すなわち薩長同盟密約の会議前夜に書いた、としたのは筆者である。春猪に酷い悪口を書いたのもその日の龍馬のストレスを解消するためだ、との解釈である。それはそうとして、手紙の末尾に注目すべき遺書のような文章が見られる。

「私ももし死ななんだらりや、四五年のうちには（土佐に）かえるかも。（しかし）露の命ハはかられず。先々（春猪は）ごぶじでおくらしよ。」

ずいぶん文学的な表現だが「私龍馬の命は草の葉に付いた朝露のようなもの。何時はかなく消えるかもしれないよ」との意味である。「露の命ハ、はかられず」は七五調なのでより文学的なのだ。実際、慶応二年一月の京都は龍馬にとって大変に危険であった。この手紙を書いたわずか三日後に伏見の寺田屋で幕吏に襲われ、死にかけたのだ。

ごく最近気づいたのだが、この龍馬の遺書めいた文学的表現には本歌があったのではなかろうか。

「露と落ち露と消えにし我が身かな浪華のことも夢のまた夢」

そう、豊臣秀吉の辞世の歌である。私が現代人なので気づくのが遅かったのだが、江戸時代人にはこの本歌は常識ではなかっただろうか。あの天下人秀吉さえ自身の命を「露と消えにし」と表現しているのである。

龍馬の手紙でもうひとつ。慶応二年十二月四日の兄権平あての手紙の中で池内蔵太の遭難死について悼んで「人間の一生実に猶夢の如しと疑ふ」と記している。これは『平家物語』でもあるし、信長の故事でもあるし、秀吉の辞世にも通じている。坂本龍馬の文学的素養（江戸時代的な歴史の素養）の一端が表れているのであろう。即物的ではなくじつに文学的だ。若い頃から和歌に親しみ、自ら和歌も多く残している龍馬らしい表現だ。

坂本龍馬が明治時代まで生き延びたら何をしていたか？　とはよくある話題であるが、案外、小説家になっていたのかもしれない。

「犬歩棒当記」四（平成二十三年一月一日）

『マディソン郡の橋』の教訓

この犬歩棒当記の第一回目は千葉佐那の話であった（一七〇頁）。その中で筆者は「龍馬の死後も生涯独身をとおした」と記した。しかしその後「佐那は一度結婚していた」との新聞報道があった。その話である。

千葉佐那が明治七年に旧鳥取藩士の山口菊次郎なる人物と結婚し、そののち離縁した、とは東京の研究者による最新の調査成果である。

明治二十六年八月二十四日の読売新聞ではすでに「龍馬の死後、固く操を守って現在に至る」という内容の記事が記されている（九月二日の『女学雑誌』の記載とはややニュアンスが異なるが）。自分の結婚歴を取材の新聞記者には話さなかったのであろう。読売新聞は美談として佐那を生涯独身だったと記述したのだ。

明治時代の後半に成立した「坂本龍馬を想って一生独身だった」という神話は龍馬ファンの心に深く浸み込んでいたのだ。そのため佐那に結婚歴があることを聞き、筆者も含め、少なからぬショックを受けたのだ。一部には拒絶反応さえある。

この話で想起されるのは映画『マディソン郡の橋』である。メリル・ストリープとクリント・イーストウッド主演で、不倫をテーマとしたアメリカ映画である。平成七年の封切り当時には大きな話題となったのだが、筆者が観たのはやっと昨年のことであった。

老いた母の死後、埋葬や遺品の整理のため実家に来た息子と娘が母の残した手紙と遺品から母親の真の姿を知るというストーリーである。平凡だが良き妻、良き母であったはずの実母が女性としての一面を持っていたこと。それを中年となった息子と娘が葛藤しながらも受け入れていく物語である。墓の中まで持っていっても良かった事実ではあろう。しかし子供二人は母の遺志どおり、真実のすべてを受け入れ、遺言にしたがって橋のたもとから遺灰を空へと撒いたのだ。印象的なラストシーンである。イーストウッド監督はこの映画で「人間の真実」を表現しようとしたのだ。大人の映画である。

佐那の人生もまたきっと多彩であったであろう。「この人がそんなことをしたはずがない」などという後世の人間の決め付けが、いかに歴史の真実とかけ離れているのか。『マディソン郡の橋』の教訓である。

「犬歩棒当記」五（平成二十三年四月一日）

想い出が歴史に変わる時

歴史とは何か？　その答えは難しい。しかし、歴史研究の対象となるのはどれくらい前の過去なのか？　これならなんとか答えが出てきそうだ。

坂本龍馬を追悼した大規模な祭典の代表は明治三十九年に京都霊山墓地で開催された「坂本・中岡両士四十年祭」である。土佐勤王党員であった小畑孫二郎（美稲）らが世話役をしていた。墓前で祭文を読んだのは薩摩の大山巌であった。日露戦争の凱旋将軍として知名度抜群であったはずだ。彼は大山弥助と名乗っていた幕末、龍馬にも会ったことがある。特に実兄の大山彦八が伏見の薩摩屋敷にいて、寺田屋で傷ついた龍馬を救出したことが深い縁である。祭文には「想ふに大政維新の基する所、二君が長藩諸老と我薩藩諸先輩との間に周旋力を尽し～」とあり、「二君四十年の祭事に、当時勇壮活発の風采今日目前に在るが如し。一言追慕の意を表す」と締めくくられている。

この四十年祭には龍馬を知る関係者が多数参列した。たとえば野村靖・南部甕男《みかお》・谷干《たて》城《き》・北垣国道・井口新助などである。坂本家の代表者は坂本留（坂本直の妻）であった。

この十年後、大正五年にまた大規模な祭典が挙行された。「坂本中岡両先生遭難五十年記念祭典」である。最近この祭典の資料を読む機会があったが、わずか十年でその参加者は大きく様変わりをしている。まず、井口家は新助が亡くなり、息子新之助が代表である。坂本家は直寛の養子坂本弥太郎が代表者となっている。その顔ぶれを見渡すと、龍馬に会ったことのある人が激減している。この四十年祭と五十年祭の間に大きな境界線があるようだ。坂本龍馬を直接知る人々の多くが没し、その子孫の世代が祭典の中心となったのだ。親から聞かされた龍馬であり、記録や小説から知る龍馬である。

明治が大正に代わる頃、想い出の中の坂本龍馬から歴史上の人物である坂本龍馬への変換点があったのであろう。昭和十四年に田中光顕が亡くなって、龍馬を直接知る人は絶えたのだ。「この本にはこう書かれておりますけれども、実際の龍馬さんはですな……」などと語る人が居なくなって、ようやく人は歴史研究の対象となるのである。

「犬歩棒当記」六（平成二十三年七月一日）

『龍馬伝』への悪口

放送中からさまざまな評判のあった大河ドラマ『龍馬伝』（平成二十二年）だが、「ドラマですから」と放送中は好意的には見ていた。しかし終了後これくらい時間が経てばその批判を書いても良いだろう。

細かいことはさておいて、薩長同盟締結時における龍馬の役割の描き方に大いに不満があったのだ。

ドラマでは一回分がそれにあてられると聞いて嫌な予感がしていた。どうやってあの「重大な場面」をたった一回で描くのだろうかと。放送では京都の薩摩屋敷で西郷が同盟交渉をはじめようとしたら「いや立会人の坂本君が来るのを待とう」と木戸が言い、やがて龍馬がやってくる、そして交渉が成立する、という拍子抜けもきわまった演出だった。

歴史的にこんな場面だったのだろうか？　あるいは「龍馬が居なくても同盟はすでにできていた」という近年はやりの学説を読みすぎたのだろうか。ドラマなのに全くドラマチックではなかったのだ。

『龍馬伝』は坂本龍馬をかっこよく描くドラマとしては企画されていなかったというこ

となのか？　等身大の龍馬像とはこういう意味なのか？　そもそも龍馬の大活躍などは後世の作り話なのか？

視聴者は「なんのうしろだてもない一介の浪士である龍馬が大藩である薩摩と長州の間を周旋し、藩の面子のために同盟を言い出さない木戸と西郷の間に立って怒ったりなだめたりして、苦労の末ようやく同盟を成し遂げ、もって明治維新の方向性は定まった。だから龍馬はすごい」というカタルシスを求めていたはずだ。いままでの小説やドラマではクライマックスとして描かれてきた一番肝心の部分である。それを覆すほどの学説なのだろうか？

歴史が人を動かすのではなく、人が歴史を動かす名場面が見たかったのに……。

ここで言いたいのは学問的に正しいか否かではない。『龍馬伝』の原作者・制作者は「本当はあんまり龍馬のことが好きではないのではないか」という薄ら寒い感想である。

「犬歩棒当記」七（平成二十三年十月一日）

高松千鶴の便箋

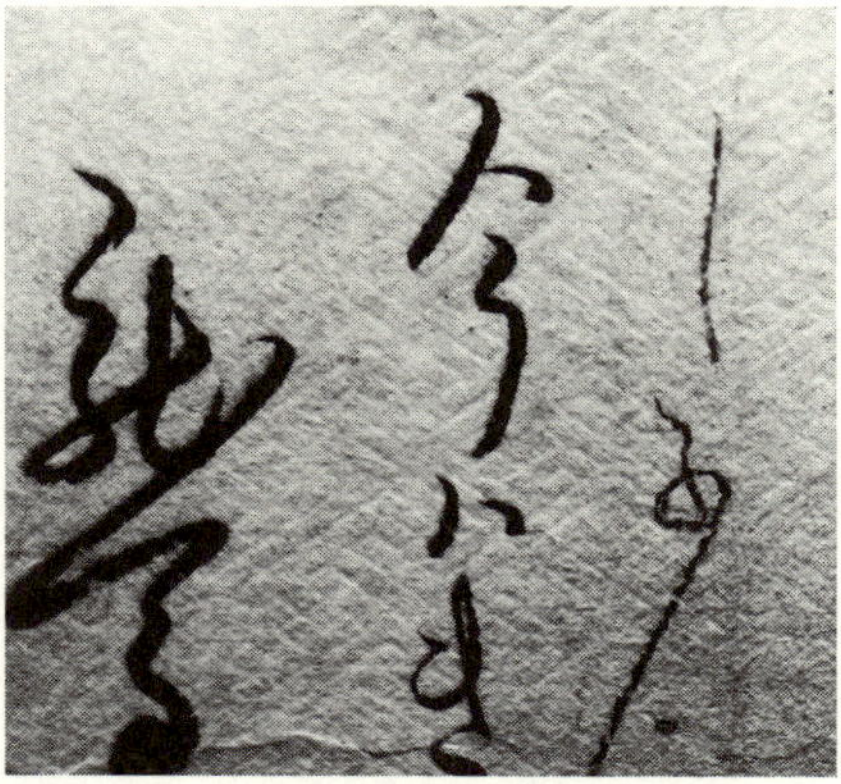

千鶴姉さんの手紙の細部（高松千鶴より龍馬あて書簡〈部分〉、重文、京都国立博物館蔵）

物事に気付くにはきっかけが必要だ。見ているようで実は見ていない事柄がいかに多いことか。

ある日、筆者は京都国立博物館所蔵の坂本龍馬の手紙類の長い巻物を光に透かして見ていた。「ふむふむ、ここに虫喰いの痕があるぞ」とか「ああこの手紙は後から貼り継いでいるな」とか……。

その時にあっと気付いたのだ。龍馬の姉高松千鶴が龍馬に出した手紙の便箋にうっすらした幾何学模様があることを。この手紙はおしゃれ便箋に書かれたものだったのである。

高松千鶴は龍馬の長姉。安田村の郷士高松順蔵に嫁していた。のちに坂本家を継承していく高松太郎（坂本直）や習吉（坂本直寛）の母である。子供時代の龍馬が高松家へ度々遊びに行っていたことも龍馬の手紙（慶応元年九月九日）に見える。

この高松千鶴の確実な筆跡はわずかにこの一通だけのようだ。安政三年の秋頃、第二次江戸修行中の龍馬を思いやって「灸をすえたか？　お守りは届いたか？」など母親代わりに書いた手紙である。

今まで気付きもしなかったが、当てる光の角度によって細密な地模様が浮かび上がってきたのだ。雷文のような紗綾形《さやがた》である。江戸時代後期の版本の表紙などでは装飾として用いられるエンボス加工された紙である。それを便箋として江戸の弟へ便りを書いたのだ。龍馬の手紙などでは全く見られない紙である。

装飾料紙の本場は京都である。このような上等な紙も高知城下で販売されていたのであろう。安田の高松家や実家の坂本家の裕福な暮らしぶりも想像されるのである。

いかにも女性らしい便箋への気配りである。

右の写真がうまく印刷されるのかが心配だが……。


「犬歩棒当記」八（平成二十四年一月一日）

左手に巻紙、右手に筆

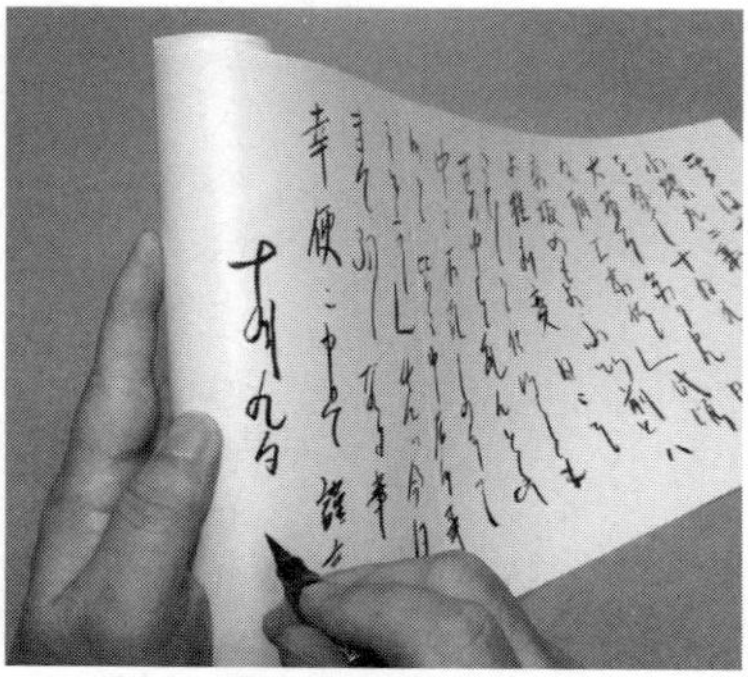
巻書を左手に持ったまま書くとできる墨移りの再現

龍馬が土佐の家族にあてた最後の手紙（左頁写真）は慶応三年十月九日付の兄権平あてのものである。京都国立博物館に収蔵されるその手紙は長くはない。大政奉還直前の混沌とした状態の京都へ無事に到着したことを家族に知らせるものである。

この手紙の実物をよく見るとうっすらとした墨の文字が本文の左下部分に付いていることが分かる。有名な手紙なのでお手元の図録などにも掲載されているものだ。筆者はこの墨写りがどういう意味なのか、これまであまり気にしてこなかった。

しかしよくよく考えてみればこれは龍馬がどのような姿勢で手紙を書いたのかを示す貴重な実例であることが分かった。すなわちこの手紙は龍馬が文机の上ではなく、便箋である巻紙を左手に持ったまま右手で筆を走らせて書いたものだったのだ（右上写真）。

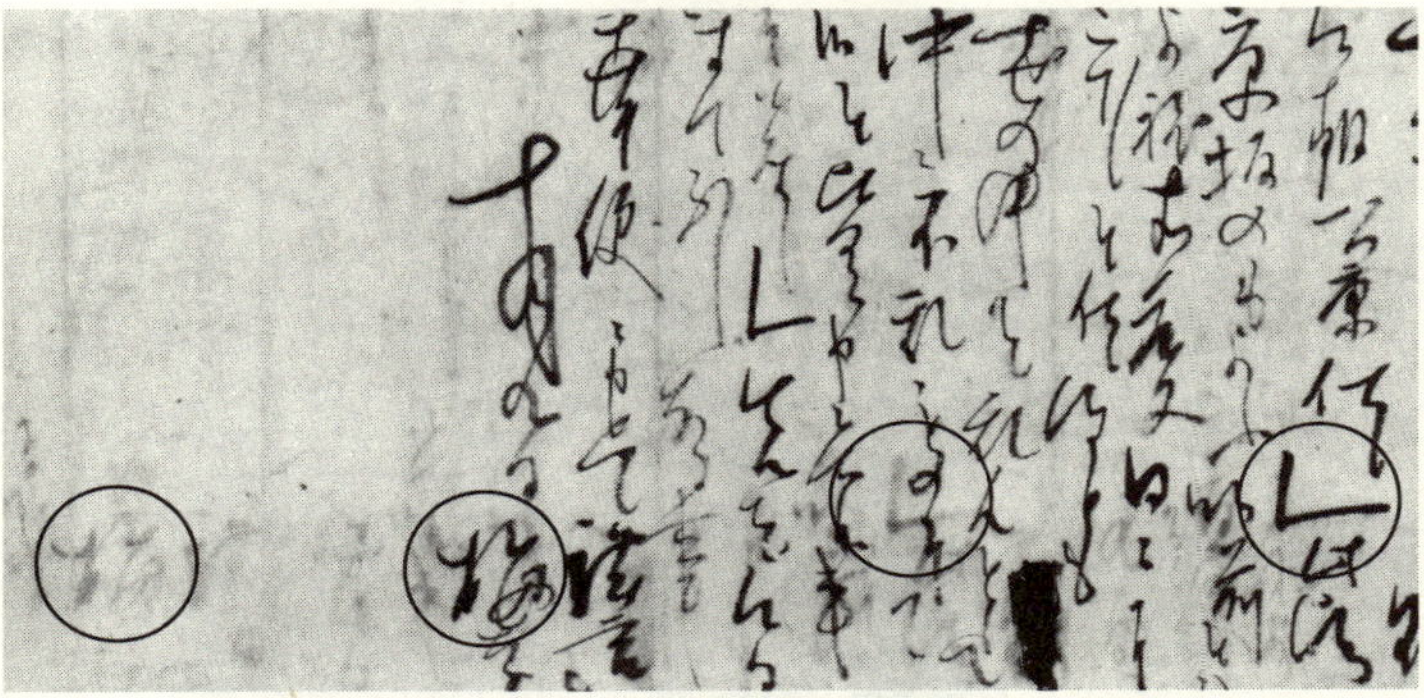

丸で囲んだ文字は右から、「乚」、乚の墨写り字、「梅」、梅の墨写り字（慶応三年十月九日兄権平あて書簡〈部分〉、重文、京都国立博物館蔵）

巻紙を左手に持って手紙をしたためる場面を時代劇などで見たことがある。龍馬の他の手紙ではまだ見つかっていないが、この兄権平あての手紙はそういう姿勢で書かれたのだ。文字が等間隔に左写りしている。「梅太郎」の「梅」の字で最も明瞭である。これらはすなわち巻紙を透過した墨写りだったのである。

現代ではつい巻紙の内側が紙の表側だと考えがちだが、巻紙の外側が正しい紙表なのだ。

この龍馬の手紙はとても急いで書かれた。慶応三年十月の京都が忙しいのは日本史上に明らかだ。坂本龍馬がその当事者であったからである。

「犬歩棒当記」九（平成二十四年四月一日）

京都出土の土佐瓦

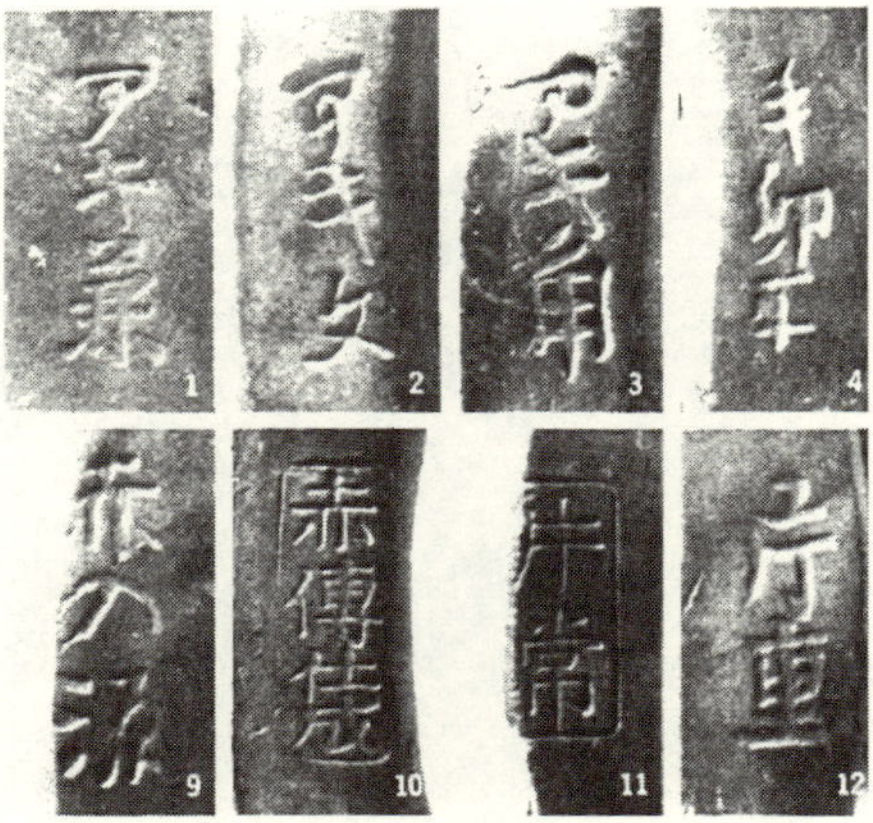
『京都大学構内遺跡調査研究年報一九九二年度』
(京都大学文化財総合研究センター)

龍馬や幕末史研究の余録がこの短文なのだが、筆者の本職は実は考古学である。今回は京都市左京区で地中から発掘された瓦の話をしたい。

平成四(一九九二)年、京都大学の北部構内、農学部の建物建設にともなって大学の埋蔵文化財センターの手で地下の遺跡の発掘調査が行われた。この際、江戸時代末頃の遺物が出土したのだが、その中に土佐で生産された屋根瓦の破片が数多く出土したのだ。

なぜ土佐の瓦と分かったのかというと、瓦の表面に産地や工房を表すスタンプがくっきりと押されていたからである。

「アキ兼」「アキ文」「アキ角」「安喜寅」「赤野銀」「赤の源」「片常」「片重」「片万」「並

（韮）生野角」「中友」「中山林」「いおろい栄」「佐古吉」など二十三種に及んでいる。高知県の方にはおなじみの地名であろう。研究の結果現在の安芸市や香美市、香南市など高知県東部にあった瓦工房の刻印だと判明したのだ。

京都大学の一角からこのような土佐産の瓦が出土した理由は、お察しのとおり、慶応三年に北白川陸援隊の宿舎として利用された土佐屋敷の所在地だったからである。記録によれば慶応二年に大坂今在家村（現住之江区粉浜）にあった土佐藩の建物、すなわち「住吉陣営」を京都に移築したとされる。この建物は資材のすべてを土佐から運んで建てたという。それがさらに京都へと運ばれてきたという次第なのである。

京都の土の中から中岡慎太郎や陸援隊ゆかりの遺物が出てきたという話である。

（報告書は『京都大学構内遺跡調査研究年報』一九九二年度。写真もそこから引用しました）

「犬歩棒当記」十（平成二十四年七月一日）

伏見の三十石舟

特別に好きというほどではないのですが、たまに落語を聴きます。東京国立博物館への出張の際には夜に上野の鈴本演芸場に行くことがあります。そこで江戸時代から伝わる人情噺をゆっくり聴くと江戸っ子の気分や江戸時代の雰囲気を味わえてとても気持ちの良いものです（「幾代餅」に感動しました）。

ある夜、テレビ番組でなにげなく「三十石舟」という落語を聴いていましたら、これが歴史的にとても貴重な噺だったので驚きました。

この落語全体をきちんと覚えているわけではありませんが、伏見の船宿から淀川をくだって大坂八軒屋浜へ行く三十石舟（約三十人乗りの和船）が主題です。乗船しようとする旅客の生態がこまごまと描写されていて興味深いものでした。さまざまな階層の人びとがひとつの舟に乗りあうので、そこに起こる喜劇を噺としたものです。

乗船名簿に「聖徳太子」という偽名を名乗る町人や、お土産物に伏見稲荷の土人形を持っている人が出てきます。もう満席の三十石舟に「もうひとり妙齢のお女中を乗せていただけないか」という船頭の声に好色な男性が「私の膝の上に乗っていきなさい」などと応じるのですが、結局は尿瓶をかかえた老婆が乗ってくるというような落ちだったように記憶します。

清河八郎も旅行記『西遊草』の中でこの三十石舟に乗った様子を記録しています。龍馬も乗ったに違いありません。

歴史の研究と言えば古文書を解読して……という堅苦しいものが主流です。しかしそれだけでは分からない江戸時代後期の三十石舟のありさまや伏見の船宿の様子がこの落語の中に生き生きと描写され、現在もなお演目として伝わっていることに眼から鱗が落ちました。

古典落語が貴重な歴史の証人だというお話です。

「犬歩棒当記」十一（平成二十四年十月一日）

写真の威力

福沢諭吉と米国少女の写真（慶応義塾大学三田メディアセンター蔵）

坂本龍馬の写真好きは有名だ。その風貌が数点の写真に残されているために「茫洋とした雰囲気の人物だ」などと認識されているのだ。

現在筆者が注目している写真好きは福沢諭吉先生（天保五年―明治三十四年）だ。筆者が卒業した高校のある大分県中津市が福沢先生の故郷（中津藩の下級武士だった）だからというのが先生と呼ぶ理由のひとつである。

最近、中津市にある福沢諭吉記念館を見学した。そこには数多くの写真が展示されていた。福沢先生も写真を撮られるのが好きだったようだ。

いくつもある福沢先生の写真で日本の近代化にまで影響を与えたものがある。それは万延元年の幕府による遣米使節団に同行していた福沢先生がサンフランシスコの写真館で撮った一枚である。皆さんもよくご存知であろうが、その写真館の娘さん（アメリカ人の少女）と並んでツーショットで撮影された写真のことである。福沢先生は『福翁自伝』の中で、同行者に真似されないようにと日本への帰路にある寄港地のハワイを出航した後になってこの写真を皆に見せびらかしたのだと記している（『福翁自伝』とは自慢話の書。そこが面白い）。

この写真は「攘夷」が昂揚していた文久年間に郷里の中津の実家へと送られた。そして見にきた若者（青木周蔵、のちの外務大臣）がこの写真に衝撃を受けて漢学をやめて洋学を志すようになったとされているのだ。『学問のすすめ』や『文明論之概略』などの著作物ではなく、たった一枚の写真が近代化の人材を生むきっかけとなったのである。

たしかに今見ても羨ましい写真だ。百万言をついやすよりもたやすく西洋的近代化による明るい未来図を若者に見せたのである。福沢先生のお茶目な性格がもたらした一枚であり、写真の持つ力を示す一枚なのである。（一四九頁「青木周蔵の開眼」参照）

「犬歩棒当記」十二（平成二十五年一月一日）

末っ子ふたり

幕末の坂本龍馬と平安時代の藤原道長に共通する点が多いと言うと奇妙に思われるかもしれない。

日本史的に見ると家柄というものが確立したのが道長の時代だ。道長が藤原摂関家の祖であったのだ。長子相続を基本とした家格の固定化が進んだのが十一世紀とされている。一方、十九世紀に封建制度を打破し、近代の扉を開いた人物の代表が坂本龍馬である。その意味では歴史の対極に置ける両者である。

共通点はふたりとも末っ子であったことだ。道長は摂政藤原兼家の末子。龍馬も郷士坂本八平の末子であった。そして道長には円融天皇の皇后で一条天皇の母である東三条院詮《せん》子《し》という強力な姉がいた。この詮子のはからいで道長は甥の伊周《これちか》をおさえて藤原氏の長者にのぼりつめ、のちの繁栄を迎えることになったのだ。一方の龍馬にはご存知のとおり乙女姉さんがいた。彼女の叱咤激励が龍馬を成長させたとされる。すなわち東三条院詮子と乙女姉さんはよく似ているのだ。道長も龍馬も日本史に残る「お姉ちゃん子」だったのである。

もうひとつの共通点は山登りだ。日本史上の人物で「登山」というキーワードから思い出されるのはこのふたりであろう。

藤原道長は寛弘四年（一〇〇七）の秋に大和国金峯山（現奈良県の山上ヶ岳）に登山して経巻を入れた金銅製経筒を山頂に埋めた。その様子は日記『御堂《みどう》関白記』に詳しく記されている。当時貴族の間で流行していた蔵王信仰のためだった。道長の経筒は現在京都国立博物館で預かっている。一方、龍馬は慶応二年の春に霧島山の高千穂峰におりょうとともに登っている。その様子は姉乙女あての手紙にイラストを入れて書き送った。その手紙は京都国立博物館の所蔵品である。

さらなる共通点はこのふたりをテーマとした展覧会を筆者の担当で開催したことだ。そのせいで山上ヶ岳と高千穂峰というふたつの山にたいへん苦労して登ることになったのである。

【追記】

日本史上の末っ子には福沢諭吉も加えておきたい。兄・姉・姉・姉・諭吉という兄弟構成も龍馬に似ている。お茶目で開放的な性格も龍馬と似たところがある。

「犬歩棒当記」十三（平成二十五年四月一日）

何の浮世は三文五厘

龍馬の手紙を読んでいると何げない文言に「?」となることがある。当時は普通に使われていた表現が現在ではどういう意味か分からなくなった場合だ。たとえば「何の浮世は三文五厘、ぶんと屁のなるほどやって見よ。死んだら野辺の骨は白石~」（文久三年六月二十九日付乙女あて）という表現である。姉の乙女に全国無銭行脚の方法を伝授する場面（冗談）に現れる文言だ。彼女に出家巡礼を勧めているのだが、なんとなく滑稽軽妙な表現だと感じる。

こんな表現は龍馬だけかと思っていたら『汗血千里の駒』（明治十六年）に類似の文言があった「此方の壮士も常日頃浮世三分と仇名ある命知らずの中平なれば~」。井口村刃《にん》傷《じょう》事件での中平忠次郎の描写だ。「浮世三分」とは「この世に執着のない様子」と註釈されている（林原純正註）。

さらに福沢諭吉も使っている。明治八年に友人へあてた手紙で『文明論之概略』を執筆した際の不安と覚悟について「ママヨ浮世は三分五厘、（翻訳内容などが）間違ったならば一人の不調法~」と書いている（北岡伸一著『独立自尊』）。

福沢諭吉と坂本龍馬が同じ表現を使ったことは興味深いが、二人は天保五・六年生まれの同世代人なので当然である。当時の流行語だったのだろう。福沢の「浮世は三分五厘」が一般的な表現のようで、国語辞典では「この世のことは、それほどねうちのあるものではないの意」と記される。その表現の先に「なので深刻に考えずに思い切れ」と続くパターンであろう。「見るまえに跳べ」か。

龍馬は慶応二年十二月四日の姉乙女あての手紙で「天下の世話は大雑把なものだが、命さえ捨ててかかれば面白いものだ」と書いている。そこにも「何の浮世は三文五厘」と同様の心性が表れているようだ。

「犬歩棒当記」十四（平成二十五年七月一日）

吾輩は猫である

どんな文章でも坂本龍馬の名前が出てくるとちょっと気になる。それが夏目漱石（慶応三年―大正五年）の『吾輩は猫である』の中であればなおさらだ。

この小説は明治三十八年～三十九年に『ホトトギス』に連載された漱石最初の長編小説である。有名なので説明も不要であろう。龍馬が登場するのは小説の前半部である。

吾輩の飼い主である苦沙弥先生は漱石の分身なのかいつも胃の調子が悪くタカジアスターゼなどの薬のお世話になっている。それが効くの効かぬのなどと延々うるさい。先生は知り合いからも胃腸の調子を取り戻す方法を聞いたりしていた。そんなある時、某氏から「それは按腹揉療治《あんぷくもみ》に限る。ただし普通のではゆかぬ。皆川流という古流な揉み方で一二度やらせれば大抵の胃病は根治できる」と聞いたようだ。そして「安井息軒も大変この按摩術を愛していた。坂本龍馬のような豪傑でも時々は治療をうけたと云うから、早速上根岸まで出掛けて揉まして見た」のだ。しかしその揉み方があまりにも残酷で苦沙弥先生には合わずに一度で止めた、という一節である。

小説の話ではあるが、こんな話を書くとは夏目漱石は実際に上根岸の皆川なる按摩師方でその施術を受けたのではなかろうか。その際に按摩師の口から施術の由緒として安井息軒や坂本龍馬などの昔の有名顧客の名前がでたのであろう。

龍馬は自分の風邪や怪我のことを度々手紙に記しているが、胃の具合が悪かったなどと書いた部分はない。なのでこの話が事実に基づくものかどうかは定かではない。しかし気になる記述ではある。夏目漱石が坂本龍馬を「豪傑」と書いているところが面白い。また明治三十八年には龍馬の名前が世間に普通に知られていたことも分かって興味深いのだ。

今回は犬が歩いて猫に出会うの段である。

【追記】

坂本龍馬は明治時代にどれほど知られていたのかというテーマである。慶応三年生まれの漱石が同年没の龍馬を知っていることが面白い。時代が移れば人は忘れられることが多いのだが、昭和三十四年生まれの筆者は大鵬・柏戸の全盛期や長嶋茂雄・王貞治の現役時代を覚えている。川上哲治はすでに監督であった。いしだあゆみの「ブルーライト・ヨコハマ」が子供心に印象深い。誰を覚えているのかが育った時代をよく反映している。

「犬歩棒当記」十五（平成二十五年十月一日）

雨乞いの名歌

「かの小野小町が名歌よみても、よくひでりの順のよき時ハうけあい、雨が降り申さず。あれハ北の山がくもりてきた所を、内々よくしりてよみたりし也」

という文章は坂本龍馬が禁門の変を前にした緊迫感を背景に「時勢を良く見て、その時期の満ちるのを待て（今はまだ倒幕挙兵には早い）」という意味で書いた手紙の冒頭部分である（元治元年六月二十八日付、乙女あて。高知県立高知城歴史博物館蔵）。とても重要な手紙だ。小野小町の名歌とは「千早振る神もみまさば立騒ぎ天の戸川の樋口開けたまへ」というものだ。確かに雨乞いに効きそうな和歌である。

この龍馬の手紙とよく似た話があるので記して置きたい。

大分県南部、竹田市街の高台にある広瀬神社は日露戦争の際に旅順港口で戦死して軍神となった広瀬武夫を祀る社である（昭和十年創建）。昭和四十年頃にこの広瀬神社の二代目の宮司を務めたのは広瀬末人という人であった。彼は武夫の身内である。正確には広瀬武夫の兄勝比古のひとり娘である馨子の婿（龍馬にたとえるなら兄権平のひとり娘の春猪の婿清次郎）であった。海軍中将であった広瀬末人氏は晩年にゆかりの竹田で広瀬神社の宮司となったのだ。

竹田での彼の評判は「広瀬神社の宮司さんの雨乞いのご祈祷はとても良く効く」というものであった。しかしながらその実態は、ご想像のとおり、海軍時代に洋上の艦船の上で風と雲の動きから天気の変化を予知予報する力が鍛えられ、山国竹田でも風向き雲行きを読んで、雨が降りそうなタイミングが分かったうえで雨乞いの祝詞をあげた（なのですぐに雨が降る）ということだったのである（高城知子著『広瀬家の人びと』）。

広瀬宮司の雨乞いの祈祷はまさに小野小町の和歌だったのだ。また歴史の動きと天気の変化はよく似ているということかもしれない。

【追記】

小野小町の雨乞いの和歌が狂言「業平餅」に現れる。在原業平が茶店の餅を食べたいのだが高貴な身なので現金などは持っていない。そこで得意の和歌で支払おうとする話である。小野小町の雨乞いの歌は和歌に霊験があるとのたとえとして登場する。龍馬の教養の一部である。

「犬歩棒当記」十六（平成二十六年一月一日）

山内一豊の名馬

土佐を代表する歴史上の人物は坂本龍馬と山内一豊であろう。どちらも大河ドラマの主人公となった（龍馬は二度までも）。しかしながら司馬遼太郎の『功名が辻』の本当の主人公は妻の千代（ドラマでは仲間由紀恵が主演）であった。隠していた持参金の黄金（へそくり）で夫のために名馬を買ってあげるなどの千代の内助の功が山内一豊を土佐一国の殿様にしたのだというストーリーである。男性にとってじつに都合の良い話である。

ところが永井路子の『一豊の妻』という短編小説では全く反対の話になっている。

ある日のこと貧乏な山内一豊は安土城下の馬市で黄金十両という超高額な馬を買って家に帰ってきた。その話を聞いた千代は激怒して「そんな大金があったのなら私に着物の十枚も買ってちょうだい。俎板《まないた》も買えないのに」などと一豊を責めたてたのだ。そこで一豊が言うには「家来達に十分な給金も払えないのだが、自分が苦心して貯めた十両だ。しかし仕事に必要とはいえ馬を大金で買ったというのでは家臣の手前具合が悪い。だからこの馬は妻のお前が買ってくれたことにしてあるから」と。

その説明に納得できない千代なのだが、翌日から家臣たちの様子がおかしいことに気付く。「奥様、城下では大変な評判ですよ。山内殿の奥方は旦那様想いのとても良い奥方だ。貞女の鑑《かがみ》だと」。千代はその噂を否定することもできず「まあそれほどのことでもございませんわ。オホホホ」などと上機嫌である。一豊は「してやったり」と思うという話である。

以前、永井路子先生にお会いした際にこの小説のことを「面白いですね」と申し上げると、笑いながら「冗談みたいな話なのよ」というお返事であった。「女性の立場から歴史を見る」というのが永井先生の基本姿勢だ。

「仕事に絶対必要だから」とドイツ製の高級乗用車を買いたいと夫が言いだしたならば奥様はへそくりを出しますか？　皆さまのご家庭ではいかがであろうか。

【追記】

歴史小説も男性が書くものと女性が書くものとでは全く視点が異なるという好例だ。永井路子先生には京都国立博物館の『藤原道長』展（平成十九年）の際に講演をお願いしたので、その折にこのお話を伺った。永井先生の鎌倉時代を舞台とした小説が特に面白い。

「犬歩棒当記」十七（平成二十六年四月一日）

「御用捨無之方」

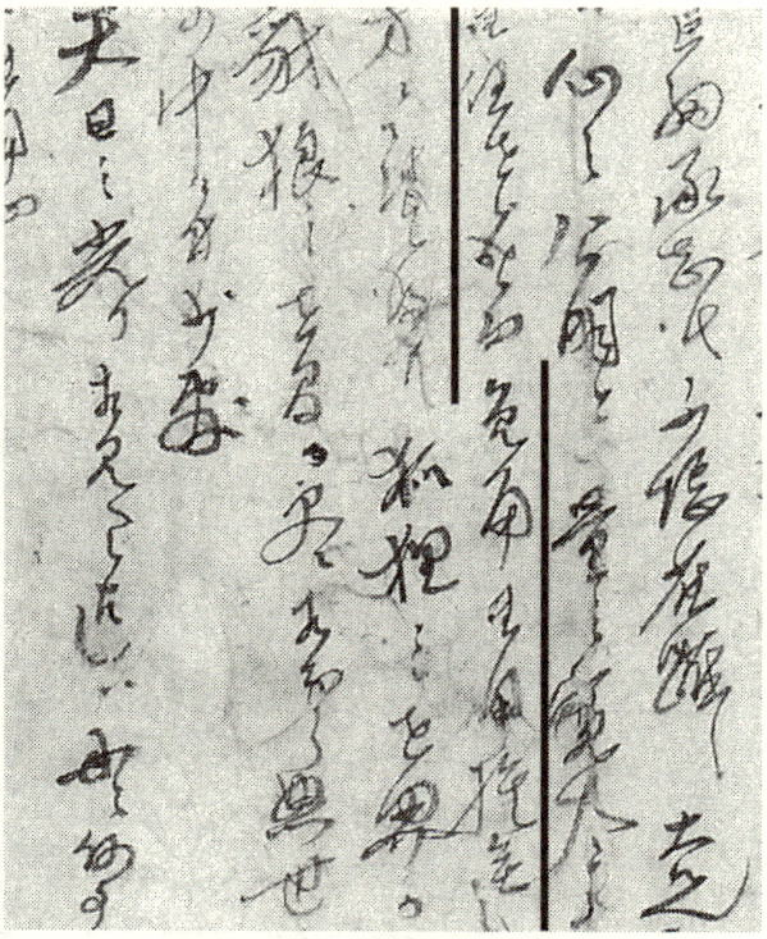

桂小五郎の手紙（木戸孝允より龍馬あて〈部分〉、京都国立博物館蔵）

龍馬の人柄を知るひとつの方法は同時代人が彼をどう評したのかを読むことだ。

桂小五郎が龍馬にあてて薩長盟約の裏書きの礼と寺田屋での負傷を見舞う内容の手紙が残っている。慶応二年二月二十二日の書状（京都国立博物館蔵）だ。この中で桂は龍馬のことを「大兄は心が公明で御量が寛大なのにまかせて『兎角御用捨無之方ニ御座候得共』【傍線部】（今は）狐や狸の世界か、山犬や狼のうろつく世間かといった不穏な世の中ですので、少しは光が見えるようになるまでは必ず必ず何事もご用心下さい」と書いている。

筆者はこの『御用捨之無き方』という表現に引っかかっているのだ。拙著『全書簡現代語訳 坂本龍馬からの手紙』では「用捨」を「用心」と訳した。「とにかく用心というものをお持ちでない方なので」という意味かと思っていたのだ。用捨＝容赦では「容赦の無い方」すなわち許容の無い、情け無用の人のような語感に感じたからだ。しかしながら桂の手紙では「用捨」と「用心」とは使い分けられている。改めて「用捨」を辞書で調べると「①用いることと捨てること。取捨。転じて善悪などの判断を下すこと。②ひかえめにすること。遠慮すること」さらには転じて「手加減」へ続くようだ。

桂が龍馬を「御用捨之無き方」と評した意味は②の「遠慮やひかえめの無い人」という意味かと思われる。文脈は「公明・寛大」（＋）に対して「用捨がない」（－）が置かれている。桂は寺田屋での事件を知って「龍馬の極端すぎるほどの隔意の無い性質」をマイナスに評価したのであろう。「用心のない方」という訳では意味が狭かったようだ。「自分の命への遠慮までが無い方」という意味だろう。万事きわめて用心深い桂小五郎らしい龍馬評である。

「犬歩棒当記」十八（平成二十六年七月一日）

墨消しの真実

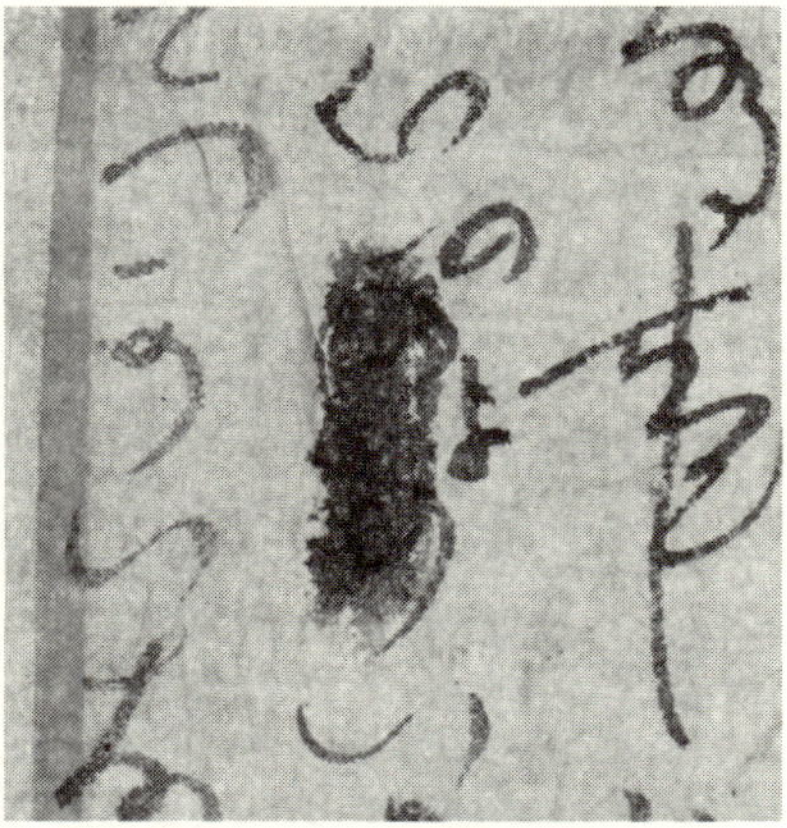

墨消し訂正（慶応二年十二月四日姉乙女あて〈部分〉、重文、京都国立博物館蔵）

龍馬の手紙にはときどき墨でグジュグジュと字を消して横に訂正記載した部分が見られる。単に書き間違えただけで、特に深い意味があるわけでもなさそうだ。家族への手紙なら許される訂正であろう。

しかしながら一箇所だけちょっと気になる訂正がある。慶応二年十二月四日付けの姉乙女あての一通だ（京都国立博物館蔵・重文）。手紙の後半部に薩摩の西郷吉之助のことが書いてあるが、龍馬は西郷を評して「大いに心のよい人なれば～」（妻おりょうを預けても安心だ）、という一節である。ここに墨消し訂正があるのだ。「心■■い」の右横に「のよ」の二文字を入れている。この墨消しの下に元は何と書いてあったか気にならないだろうか。龍馬は西郷のことを最初にいったいどう表現しようとしたのか。

そこでこの手紙にバックライトをあてて写真を撮影し「心[redacted]い」の墨消しの下に何と書いてあったかを読もうとした。それが左の写真である。なにやらひらがなの「あ」と「か」のようである。「か」ははっきりしない。それを前提に「心あかい人」であったならばどのような意味かを調べてみた。「赤心」とは辞書では「まごころ・誠意」とあるので「心あかい人」は西郷の人格を表すのに相応しいようにも思える。しかし「心あかい人」という表現を見た覚えが乏しい。龍馬が「心あかい人」をやめて「心のよい人」に訂正したのもあまり使われない表現だったからではなかろうか。憶測を重ねたが龍馬の西郷への人物評なので注意すべき一節だ。あるいはやはり意味のない書き間違いなのだろうか。皆様の御意見を乞う。

【追記】

歴史史料における墨消しの問題は二二四頁の［補遺］を参照いただきたい。

「犬歩棒当記」十九（平成二十六年十月一日）

歴史の本質

坂本龍馬の細部を研究しながら思うのは「これは歴史の研究なのだろうか?」ということだ。日本近世史の大学教授が卒論指導に際して学生から「沖田総司で書きたいです」と相談された気分を想像されたい。では沖田総司はダメで坂本龍馬なら良いのだろうか? 龍馬を歴史的手法で研究しているが、それは正統な幕末維新史ではないのではないかと思う。

ふた昔以上も前に流行したマルクス主義的歴史観では歴史は経済により裏付けられたものであり、人間の役割は低評価である。人間の営みは歴史の発展段階により規定されていて、資本主義が行き詰まると社会主義に至るのが必然であるらしい(懐かしい)。そのような歴史観に立てば龍馬研究のような個人史が歴史の本流であるわけもなく、薩長同盟は龍馬が居ようが居まいが歴史の必然であって、ほっておいてもできたのだとの考えだ。人は歴史にただ動かされているだけなのか(龍馬を低評価)、人は歴史を動かすことができるのか(龍馬を高評価)という命題に至るのだ。どちらが正しいかではなく、どちらであって欲しいかという問題だ。

歴史をずっと遠くから眺めればどんな英雄もアリの一匹のようなものだ。そのような無情な視点に立てば個人史を研究する意味も分からなくなる。ただし日本史の初めは『平家物語』のような歴史物語から発しており、確固とした歴史観に貫かれたものではなかった。判官贔屓の『義経記』はどうか。その延長上が『竜馬がゆく』ではないだろうか。歴史の中の人間がテーマである。そもそも人間を抜きにして歴史があるわけもなかろう。

龍馬個人を研究しながらも歴史の本質とは何なのかを考えないわけにはいかない。

「犬歩棒当記」二十（平成二十七年一月一日）

海援隊商事印

海援隊商事印（海援隊商事秘記〈部分〉、京都国立博物館蔵）

京都国立博物館の収蔵品に「海援隊商事秘記」という名前の文書がある。国の重要文化財だ。長い巻物の後半部に貼り込まれているもので、慶応三年の商業記録、たとえば丹後田辺藩との商業協定文書や長崎で外国商人からライフル銃を購入した記録が載っている。

学芸員としてこの巻物の取り扱いには特に気をつかっている。なぜならば「海援隊商事印」という印文が付箋のように文書に貼り付いているからだ。巻物を注意深く開け閉めしないと印文に折れ目を付けてしまう。

この印の文字はなかなか素晴らしいもので、以前から「ひょっとして」とは思っていたのだが、数年前に博物館に来られた長崎の小曽根吉郎様とお話しし、さらに史料を見せていただいたので確信した。この「海援隊商事印」は小曽根乾堂が彫ったものだったのだ。龍馬や海援隊が長崎でお世話になっていた小曽根兄弟の長男にして豪商であった乾堂は篆刻家としても有名だ。しかしそれまで彼の作例とこれとを比較することはなかった。小曽根様が博物館へお持ちになった「三条実美」印や「伊藤博文」印の押印見本と見比べたのだが印の外枠の線の細さや文字の特徴やバランスが完全に一致していたのだ。この「海援隊商事印」は現在でも会社印として充分に使えそうな優れた印文と言えよう。

この海援隊商事印を押した他の文書を知らないが、これほど立派ならばいやでも目に付くのでそのうち現れるかもしれない。また印そのものも捨てられるようなものではないのでどこかに現存していたりはしないものだろうか。慶応三年の長崎における海援隊の日々にこの「海援隊商事印」を彫ってもらう一コマがあったのである。

「犬歩棒当記」二十一（平成二十七年四月一日）

維新は遠くなりにけり

もうすぐやってくる明治改元から百五十年目。各地でイベントや展覧会などが企画されていることであろう。しかしこの百五十年目という数字は節目と言えるのだろうか。武家政治が終焉し、近代日本がはじまって百五十年。もちろん記念すべきことである。しかし幕末維新史に関わっている筆者でさえも何か釈然としない心持である。筆者は昭和三十四年生まれだが、明治生まれの祖父は筆者の幼稚園時代に亡くなったため祖父の昔話を聞いた記憶はない。祖母は筆者が高校生の時に亡くなったが、祖母の語った昔話の記憶とは昭和二十二年の普通選挙に婦人参政権が与えられたのでGHQが選挙監視にやってくるから髪にパーマをかけて投票に行ったのだという話である。昭和初め生まれの父は平成に入って亡くなったが、戦後すぐの大分大学時代の食糧不足をよく語っていた。

何が言いたいのかと言えば、筆者個人の歴史記憶は家族が昭和前半頃の昔話をしていたことである。今が大正時代であれば古老から戊辰戦争の記憶を聞けたかもしれない。すなわち個々人の持つ耳で聞いた歴史とはせいぜい祖父母や父母の昔話の記憶の断片、太平洋戦争中にひもじかった話などのうっすらとした伝達が精いっぱいだということだ。七十年前が関の山であろう。今から百五十年前と言えばもう生存者は誰も居ず、語り部はなく、史料や小説から知る幕末維新史だ。これが今から二百年前ではどうだろう。伊能忠敬が日本地図を作るために歩き回った文化年間だ。それは益々遠く、実感は何もない。歴史はこうして遠ざかるようだ。

「犬歩棒当記」二十二（平成二十七年七月一日）

国家は文学でできている

「文学部不要論」を聞いたことがあるだろうか？　今年（平成二十七年）六月に文部科学省から国立大学改革問題に関して「実用学問が優先であり、経済に役立つ人材の養成を第一とし、文学部は廃止を含めて検討すべし」との方針が示されたのだ。国立大学文学部出身の筆者には聞き捨てならない話である。

実利か趣味かの話なのであろうか。国家に役立つ人材を国費で育てることが肝要で、文学部で考古学や平安時代史などを研究する学生は日本国には無用との考えなのだろう。

これに対して、「いやいや文学を含む人文科学の考え方は自然科学や社会科学の根底になるもので決して無用ではありません」などという文学部擁護論を目にするのだが、そんな謙虚な物言いで「切り捨てないで下さい」と裾にすがるのもどうかと思う。

あえて言わせてもらうならば、この世の様々な学問の中で「天文学」と「文学」とが最も上位の学問なのだ。遠い銀河の果ての星々がいかに生まれて栄え衰えていくのかの科学的研究と芭蕉の「荒海や佐渡によこたふ天の河」の叙情性の研究こそが学問の中で最上なのである。それに比べれば結果お金が儲かれば良い経済学や基本的に人間を信用しない法学などはかなり低位のジャンルである。

もっと言うならば、人間は文学なしでは生きられないし、国家は憲法や軍事力ではなくて文学で守られているのだ。『源氏物語』や『奥の細道』や『竜馬がゆく』や『1Q84』を読む者が居なければ日本もないのである。

現在の世界情勢を見わたせば諸外国は「空虚な国家を文学で満たす作業」に汲々としていることが分かる。一方、日本の文部科学省は国家に役立つ学問か否かという視点で文学部を廃止に追い込もうとしているが、それが亡国への第一歩であることに全く気付いていないのである。ただし紫式部も松尾芭蕉も国立大学文学部には行っていないのであるが……。


「犬歩棒当記」二十三（平成二十七年十月一日）

不愉快な歴史

「歴史認識」という言葉を最近よく聞く。この場合の歴史は政治的な意味であって、私たちが龍馬を語る際のような歴史ではない。本物の歴史研究者は「歴史的に～」とは口に出して言わない。しかし思考はいつも歴史的であるはずだ。本物の科学者もまた普段から科学的であって「科学的に～」などとは言わない。「科学的に見てですね」などという言葉は「これから数字を使って皆様を騙しますので引っかかって下さい」というペテン師の口上だ。「このサプリメントを飲んだお客様の九十二パーセントに健康効果がありました（当社調べ）」を私たちがまじめに受け取りがちなのは「科学的」という言葉に騙されているのである。

歴史の方もまた難しい問題を抱えている。「歴史的に見て～」の本音は「そんなことも知らないのか」という悪口である。知らないお前が悪いという前ふりだ。政治家が歴史を持ち出す際はだいたいこんな意味である。学問としての歴史にも民族・国家・地域・宗教・社会的な価値観が必ず反映されている。また個人の生まれた環境や自らの嗜好・自尊心や他者への差別意識から逃れることは難しい。

そもそも客観的な歴史などは存在しない。坂本龍馬を取り上げようが経済指数を比較しようが主観的なものである。龍馬を取り上げる段階ですでに主観であり、経済指数を選んだ段階で主観である。本当のことよりも本当であって欲しいことの方が勝ち気味だ。人間らしい心の動きである。歴史に向き合うことの困難さがここにある。他人の悪口を言うことは簡単だが、自分を客観視するのは難しい。歴史に向き合うことは自己に向き合うことだ。しかし容易なことではない。

「犬歩棒当記」二十四（平成二十八年一月一日）

師弟の契り

千葉定吉先生のことを書いておこう。龍馬の長刀兵法目録（安政五年）の検証に際して思ったことがあるからだ。

目録の全文は桶町千葉道場の主である千葉定吉の自筆と見られる。鳥取県立博物館に所蔵される別の免状に記載された角印も花押も署名の「政道」の文字も龍馬の目録と一致しているからである。誰か別の者の筆、たとえば重太郎の代筆などとは思えない。

巻物を納めた桐箱の蓋表の「北辰一刀流長刀兵法　目録」の墨書も書風から定吉先生の文字とすることができる。いくつかの目録の文字を比べて見たが、龍馬の目録の字がいちばん気合が入っているような気がする。剣客らしい鋭さを持ちながらもバランスの取れた気品ある書だ。

清河八郎が万延元年に本家の千葉栄次郎・道三郎兄弟から授かった「北辰一刀流兵法免許」（清河八郎記念館蔵）もよく見ると千葉定吉の筆によるものと思える。千葉周作亡きあとの北辰一刀流一門の重鎮として本家玄武館の免状も書いていたのであろう。

ものの本を読むと剣術道場の入門式とは「結納」と同様であり、いわゆる「師弟の契りを結ぶ」ものであるという。あっちの方が良さそうだなどと気ままに他の流派に乗り換えたりはできないのだ。

丹波山国隊の取締であった藤野斎は『征東日誌』の中で桶町千葉道場入門の様子を次のように記している。慶応四年七月二十六日「晴。千葉道場へ入門ノ銘々ヲ引率シ、藤野・辻参向シ束修金子（千ヵ）匹并二重繰台三本入扇ヲ進呈ス。之例ナリト。依之、一隊快宴ヲ開キ之ヲ励賞ス」云々と。

千葉定吉と坂本龍馬も入門の段階で契りを結んだのだ。目録の丁寧さは師弟の絆の深さを示しているように感じる。

「犬歩棒当記」二十五（平成二十八年四月一日）

『007は二度死ぬ』

たまに衛星放送で古い映画を観るが、文化史的にも面白い。マンネリが指摘される渥美清の寅さんシリーズも現在の眼で観直せば細部に日本各地のその時代の風景が映っていて興味深い。盆と正月向けの娯楽作品だったが、三十年も経てば立派な歴史史料だ。沢田研二と田中裕子が恋をする『花も嵐も寅次郎』（昭和五十七年）では昭和五十年代の別府の賑わいや湯平温泉の様子が映っていて、大分県出身者としては感慨深いものだった。

坂本龍馬もので言えば昭和四十五年制作の『幕末』を観たが、中村錦之助が龍馬を、吉永小百合がおりょうを、三船敏郎が後藤象二郎を、仲代達矢が中岡慎太郎を演じていて重厚だ。司馬遼太郎の「竜馬がゆく」の影響を強く受けた映画だが、タイトルに「龍馬」の名前がないのは事情があったためか。

英国のジェームズ・ボンドシリーズのうち『007は二度死ぬ』（ショーン・コネリー主演、昭和四十二年）も最近観たが、荒唐無稽なストーリーはさておき、そこに映った日本の高度成長期の街の風景に心を動かされた。ジェームズ・ボンドが海女のボンドガール（浜美枝）と和風の結婚式を挙げる様子や姫路城での大掛かりなロケなど見所が多い。日本の公安調査局のボス、タイガー田中（丹波哲郎）も姿勢が良くて格好良い（コネリーは猫背）。

特に魅かれたのは悪の組織がロケットの秘密基地を置いたのが霧島火山群の新燃岳《しんもえだけ》の噴火口の内部だったところだ。その向こう側には高千穂峰もよく見えている。龍馬とおりょうが登った山だ。ショーン・コネリーが浜美枝の手を引いて火山を登るシーンは龍馬とおりょうの姿そのものだったのである。映画制作者にそんな意図があったはずもないが、つい笑ってしまった。古い映画も二度観ると面白いという話である。

「犬歩棒当記」二十六（平成二十八年七月一日）

父親のよろこび

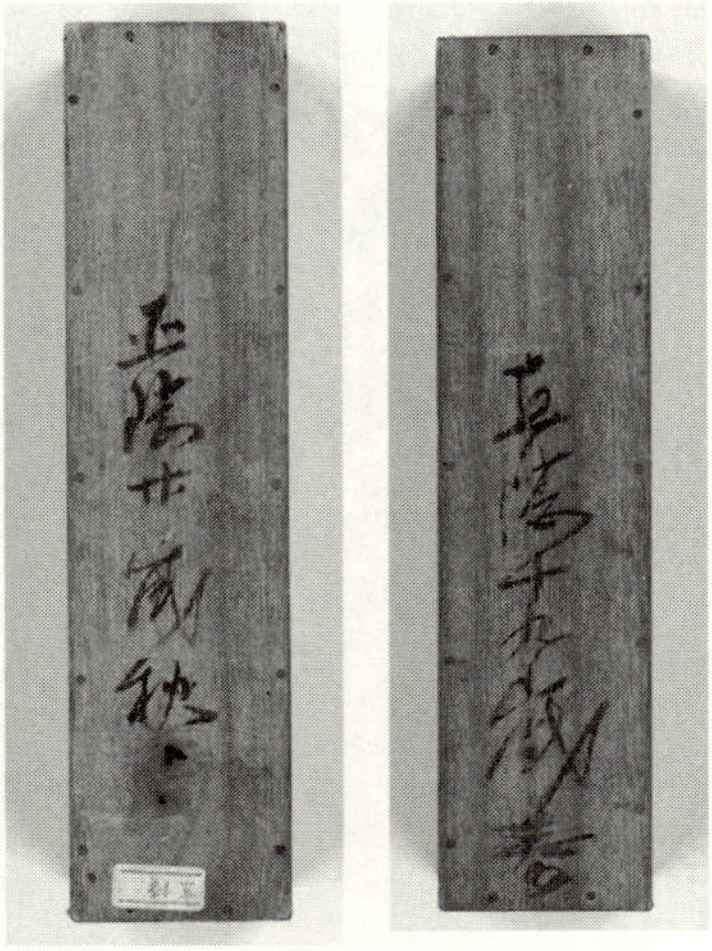

巻物が入った木箱の底に「直陰十九歳春」（右）、「直陰廿歳秋」と書かれている。

京都国立博物館で坂本龍馬関係資料を扱う者として龍馬資料の隅々まで知っていたつもりだったが、恥ずかしながらごく最近になって分かったことがある。

それは日根野弁治が発行した「小栗流和兵法目録」（嘉永六年三月）および「小栗流十二箇条并二十五箇条」（嘉永七年閏七月）（いずれも重要文化財。この二巻の間は龍馬の第一次江戸修行中）の巻物を納めた木箱のことである。これまで中身の巻物のことばかり気にしていたが、実は箱の裏側、底面に墨書があることに今年になってやっと気付いたのだ。それが結構重要な記載であった。

蓋の表の題字は日根野弁治先生の文字であろう。しかしその裏側の文字の書風は表とは全く異なる。その記載とは前者が「直陰十九歳春」後者が「直陰廿歳秋」というものだ。

（直陰は龍馬の本名、のちに直柔と改称）こんな書き方をするのは日根野弁治先生でもなく、龍馬本人でもなく、乙女姉さんでもなく、父親の坂本八平以外には考えられないことだ。その大胆奔放な文字の雰囲気も「修行中心得大意」に似ているようだ。

すなわちこの巻物の箱裏に龍馬の年齢を書き入れたのは父八平であって、龍馬が通っていた剣術道場の先生からこの木箱入の巻物をもらって来た際に龍馬の年齢季節を箱の裏側に墨で書いたのだ。わが子の成長を喜んだ様子をこの書付に観取することができよう。坂本八平が亡くなったのは後者の目録をもらった翌年の安政二年十二月のことであった。八平は幕末における龍馬の大活躍を知らないが、息子の剣術の上達を父親として素直に嬉しく思っていたことをこんな形で後世の私たちに知らせてくれたのである。

「犬歩棒当記」二十七（平成二十八年十月一日）

［第Ⅱ部　「墨消しの真実」補遺］

龍馬の手紙の墨消しの検討（二〇六頁）で参考にしたのは藤原道長の『御堂関白記』に関する研究である。世界記憶遺産「御堂関白記」の一節に道長自身が記載を墨で二行消しているのだ。長保二年（一〇〇〇）正月十日の条である。消されると読みたくなるのが研究者の性である。ある平安時代史の研究者が京都の陽明文庫で実物の御堂関白記（精巧なレプリカが存在するがそれでは意味がない）の墨消しされた部分にバックライトをあてて調べたところ、その墨消しの下に文字が見えてきたのだ。全部が読めたわけではないが、「晴明」の二文字がそこにあったのだ。すなわち道長は陰陽師安倍晴明を自宅に召して何事かを占わせたという記述だったらしい。その前後の道長の記載と当時の宮廷の状況から道長が晴明に占わせた内容が推測されるという。道長はのちに自分の日記を読むであろう子孫達になぜそれを隠そうとしたのか？　その推理はなかなか面白いものである。龍馬の場合よりもずっと重要な事実が墨で抹消されていたのだ。人は「隠そうとするところに大事な真実がある」ということである。

（平成二十八年九月）

第Ⅲ部　考古学異聞

ストーンヘンジと夫婦岩

はじめに

英国イングランド南部のソールズベリーにあるストーンヘンジ（Stonehenge）は先史時代の巨石遺跡として世界的に有名だ。もちろん世界文化遺産である。広々とした草原に林立する巨石のシルエットはたとえ訪れたことはなくとも思い浮かべることは容易であろう。巨石を輪状に配置した環状列石を代表する古代遺跡である。紀元前二千年紀にさかのぼる新石器時代末〜青銅器時代初めの遺跡とされる。その性格は夏至や冬至などの太陽の日の出を観測・信仰する施設であるとか月や星の運行を観測する施設であるとか、集団墓地のモニュメントであるとかが有力とされている。

本稿はこの定説化している「ストーンヘンジ太陽信仰遺跡説」の起源に関する文章である。

ドイツで見学した展覧会

二〇〇四（平成十六）年の秋、筆者は文化庁主催のドイツにおける「日本の考古学展」の作品撤収と再展示のためにマンハイムとベルリンでその作業に従事していた。ベルリンでの休日の一日、ドイツ側の考古学研究者のご厚意でベルリンの南方、ザクセン・アンハルト州のハレという町で開催されていた先史時代の特別展覧会を見学することができた。近年発見され「ネブラの円盤」として知られる金貼りで星や月を表現した青銅円盤を展示の中心に据えたものであった。合わせてヨーロッパ各地から新石器・青銅器時代の遺物を集めた大規模で有意義な展覧会であった。

そこで主役であった「ネブラの円盤」は先史時代のヨーロッパが持つ高度な天文知識が表現された「天文観測盤」であるとの主張であった。さらにストーンヘンジの配置に類似する木柱による円形列柱の跡がドイツなどの中央ヨーロッパ北部地域でも複数例発掘されていて、こちらも日の出や日の入りなど太陽の進行、あるいは月や星の運行を観測し、さらにはそれを信仰の対象とする施設であるとの解釈で展示が構成されていたのである。[註1]

キリスト教以前の先史時代ヨーロッパに原始的な宗教があったことは充分に推察される

のだが、そのひとつが「太陽に対する信仰」である。そしてストーンヘンジやウッドサークル遺構がその根拠とされているのだ。紀元前一千年を遡る時期に精密な天文知識とそれを反映させる土木技術があったのだと。「ネブラの円盤」などいくつかの先史時代の青銅遺物にもそれが反映されているのであると。

ハレで行われていた先史遺物の展覧会はそのような考え方が西欧の考古学界・先史学界に浸透していることが前提となっているのである。ひるがえって日本の縄文時代の東北地方の環状列石（秋田県鹿角市の大湯環状列石）や北陸地方の環状木柱（石川県金沢市のチカモリ遺跡）の解釈がストーンヘンジなどの欧州の遺跡からの援用で「太陽信仰を示す遺跡だ」などと考察される場合もあるのである。

しかしながら、そもそもこの「ストーンヘンジは太陽信仰や天体観測所の遺跡だ」という解釈は日本と深い関係のある話なのだ。いや日本に起源があるとしても過言ではないのである。

ハレでの展覧会見学の際に、同行していたドイツ人考古学者（日本語が堪能）に対して筆者が「ストーンヘンジが太陽信仰の遺跡だという話は日本の伊勢二見浦の夫婦岩からきているのだよね」と話したところ「そんなことはありません」と即座に否定された。しかしながら「いやいや確かそんな話を何かで読んだ記憶がある。日本に戻って調べてから資料のコピーを送るから」と言い残してきたのだ。帰国後に手をつくして調べた結果、京都大学文学部の図書室の迷路のような地下書庫の片隅からようやくその証拠を見つけだしたのである。

W・ガウランドの報告書

はるかに離れたイングランドの巨石記念物と伊勢の二見浦とを結びつけるキーマンの名前は英国人のウィリアム・ガウランド（William Gowland, 1842-1922）である。彼は明治政府が日本の近代化を図るために高給で雇い入れた御雇い外国人のひとりだった。一八七二（明治五）年に来日。彼の本職は冶金学であり、本務は大阪の造幣局で金属貨幣の鋳造技術を指導することであった。そして彼は「日本考古学の父」のひとりでもあった。

彼が赴任した明治初期の日本は、もちろん考古学どころではない急激な近代化の時代である。貝塚や古墳に興味を抱いていたのはモースやガウランドのような西洋人であったことは日本考古学史の一断面である。

ガウランドはその当時世界的な話題となっていたドイツ人考古学者ハインリッヒ・シュリーマンによるギリシャやトルコでの大成功、すなわちミケーネやトロイの発掘成果に刺激を受けて自分も日本で古代の遺跡を解明しようという意志を抱いていたらしい。シュリーマンがホメロスを読んだようにガウランドは古事記や日本書紀を読み、休日には河内や大和・丹波・出雲などの古墳を調査して歩いたのである。彼は遺跡調査に際して自然科学者らしい緻密さで古墳の測量図や石室の図面を残している。奈良県の見瀬丸山古墳の横穴式石室の内部図面が有名である。すなわち彼はただの宝探し屋ではなかったのだ。

京都国立博物館には彼が調査に関係した京都府亀岡市の鹿谷《ろくや》古墳の絵図面が複数収蔵されている。一八八一（明治十四）年に京都の絵師遠藤茂平が描いた馬具や須恵器の図面、さらに墳丘や石室や古墳群の略測図などである。この時、大阪からかけつけたガウランドと絵師の遠藤茂平との間に交流があったらしいことはガウランド側の記録図面と日本に残された鹿谷古墳群の分布図等の内容の共通性から推察される。

その鹿谷古墳から出土した須恵器や馬具などの遺物は破片に至るまで残らずガウランドが購入し、一八八八年の帰国時にはそれらを持ち帰った。そして現在は大英博物館のコレクションとなっているのである。[註2]

このW・ガウランドが日本での任期を終えて英国に帰国したのち、一九〇一年に手がけた調査こそが、荒れ果てたストーンヘンジの発掘と修復であった。京都大学の文学部図書室の奥で見つけ出した資料とはガウランドの書いたストーンヘンジの報告文であった。英文の考古学雑誌「アーケオロジア」（ARCHAEOLOGIA）の一九〇二年版に掲載されている「ストーンヘンジにおける最近の発掘調査」（Recent Excavation at Stonehenge）は全五十四頁にもおよぶ厚い報告文である。彼の調査が現代の視点でも水準の高いものであった。記載の内容は正確で科学的でとても意義深いものだ。彼はストーンヘンジの測量を行い、当時倒れていた石柱の一部を直立させるために根元周囲の発掘調査を行い、さらには出土した石器類を報告している。写真や測量図面も豊富だ。

その報告文の中で注目されるのが末尾に記されたストーンヘンジの意義を考察した部分である。以下にその一部の日本語訳を記す。[註3]

「ストーンヘンジの目的と起源

ストーンヘンジが造営された目的を述べるには余地が少ないが、それを避けるわけにはいかない。伝説的な話を除けば、手元にあるすべての証拠は、それが墓ではないことを示しており、この聖なる場所が太陽を観測あるいは崇拝する場所であったことを示している。

もし夏至の日の朝に三巨石（トリリトン）群が形成する馬蹄形円弧の中心部、そこは中心部にして巨大なふたつの石柱のあいだの透き間によって示される場所であり、そこに立ってヒールストーンの方向を見るならば、太陽はその巨石（モノリス）のほぼ頂点から昇る様子を見ることが可能だ。

これは偶然ではない。それは実際、東方に向いて開く馬蹄形円弧の中にある三巨石の配列、もっと言うなら中央部の三巨石の位置と後部の石、すなわちヒールストーンとの位置関係、そして通路の配置、これらの配列をほんの偶然の結果だとすることはとうていできないことである。

これが偶然の結果でないならば、この巨石の配列には何かの目的があったはずである。その目的はその場所から太陽が天空に昇ることを崇拝あるいは観察するためである以外には考えにくいことである。

その参考事例として、日本に残っている太陽信仰のありかたを見てみよう。

図版Ⅵは、私が日本の古代の地において入手した版画であるが、「二見浦」という海岸の図である。礼拝を行う神社の立地は海中からそびえるふたつの自然の巨岩の場所から規定されている。はるか海上かなたの山々を越えて昇る朝日がそのふたつの巨岩の間から参拝される。そしてその方向に向いて伝統的な祈りと供物が捧げられるのだ。

夫婦岩絵図（「図版Ⅵ Sun Worship in Japan From a Japanese Print」『ストーンヘンジにおける最近の発掘調査』）

ここで特に注目すべきは、供物台のすぐ後ろに置かれた、木製のトリリトンのような構造物（鳥居）を通して太陽が崇拝されていることだ。この鳥居は日本の太陽神（天照大御神）を主神とする古代以来の神道においてずっと用いられてきた日本の古代以来のものである。その重要な用途は、いまも続く慣習なのだが、神聖な場所や崇拝すべき対象の位置を指し示すものである。信仰者がその祈りと供物をささげるべき正しい方向を示しているのだ。（後略）」

このガウランドの文章と掲載された図版Ⅵこそが「ストーンヘンジ＝太陽信仰遺跡」のスタート地点だったのである。掲載された「Sun Worship in Japan From a Japanese Print」の図版の左側には「嘉永七甲寅仲□応需写　高松玄黄斎竹貫」との署名がある。またこの報告文にはガウランドの日本滞在歴を示すように「二見浦絵図」以外にも高野山に墓石となる巨大な石材を大人数で引き上げる図（江戸時代後期の『紀伊国名所図会』掲載の図版）[註4]と礎石を据えるための石突作業風景の計三枚もの日本に由来する図版を掲げている。日本以外ではエジプトのファラオの巨石坐像を多人数で引くレリーフが図版に引用されている。

すなわちガウランドは日本での経験を元にストーンヘンジの解釈の参考として海上のふたつの巨岩の間から昇る朝日や供物台・小さな鳥居を描いた二見浦絵図を掲げたのだ。また巨石運搬技術の参考に紀伊高野山での巨石牽引の図を掲げているのである。彼はストーンヘンジにおける「トリリトン」と呼ばれる三つの巨石からなる門形の構造物と日本の「鳥居」との形状的連関にも言及している。鳥居のイメージをストーンヘンジの門形石造物の考察に反映させているのだ。さらには昇る朝日と巨岩（夫婦岩）隙間、鳥居および供物台との直線的関係性をストーンヘンジの構成理由の参考に挙げているのである。この文章と絵図は一九〇二年（明治三十五）に英国の権威ある考古学の雑誌に掲載され、その結果が「ストーンヘンジが太陽信仰遺跡あるいは天体観測施設」であるという概念を英国および欧州の考古学界に広めたのである。

ガウランドによりストーンヘンジが調査された二十世紀の初頭以降、ヨーロッパ各地の巨石記念物、たとえばフランスのカルナックの列石などを測量して、天文的方位との合致を確かめる、いわゆる「天文考古学」が欧州で大流行するのである。

二十世紀前半の天文考古学の隆盛は測量器具や測量技術・地図製作技術の発達、さらには航空写真の発達（ライト兄弟の初飛行は一九〇三年）また天文学そのものの発達というような科学知識と

伊勢二見浦夫婦岩

科学技術の大発展の時代を背景にしたものである。これまではその意味が分からなかった先史時代人による巨石記念物について、地図的・平面図的・方位的に「意味」を求めた結果が（その正否は別として）「天体の進行や太陽の日の出日の入りの位置」などに造営原理を求めるようになったのであろう。そこには海上の巨岩の間から昇る朝日に手を合わせる日本人の姿、伊勢二見浦の景観が参考にされたのである。

われわれ日本人は正月の初日の出や富士山での御来光、夫婦岩での岩の間からの日の出を有り難く拝礼している（なぜそうするのかを説明することの方が難しい）。その日本人の身心に沁み込んだ習俗がはるか英国のストーンヘンジの天文観測施設説・太陽信仰説の起源だったのである。そしてそのことを現在の欧州人はすっかり忘れている。あえて言うならば「なかったこと」にしているのだ。

浜田耕作とストーンヘンジ

筆者がドイツでストーンヘンジと二見浦の関係を思い出したのは京都府亀岡市の鹿谷古墳の図面調査の関係で上田宏範編『W・ゴーランド考古論文集　日本古墳文化論』を読ん

でいたからだ。正確にはその本の栞に載っていた浜田耕作のガウランドへの追悼文を記憶していたからである（原文は「大阪朝日新聞」大正十一年〈一九二二〉八月二十一日付の掲載記事）。

著者の浜田耕作（号青陵。一八八一―一九三八）は京都帝国大学の考古学教室の初代教授であった。一九八一（昭和五十六）年にガウランドの『論文集』を作るにあたって浜田の文章がその栞に転載されたのである。左に文章の冒頭部分と主要部分とを引用する。

「日本考古学の恩人 ゴーランド氏

最近我等の受取ったゴーランド氏の訃報は其の本職として携はった処の本邦の造幣事業の方面から永く記憶さるべき恩人を失った事として哀惜に堪へないと同時に、氏が日本滞在中其の個人的の興味の上から行った古墳研究の業績は実に我が日本考古学界に於いて永く不滅なるの点からして私共は特に其の死を悼むの情を深くする次第である。

（中略）

以上は氏の日本古墳研究に関する業蹟を瞥見したのであるが、ゴーランド氏は任満ちて本国に帰ってから後と雖も考古学方面の研究を止めず、其の事業は英国は固より欧羅巴の学界に貢献したものも少なくない。中でも最も著しいのは千九百一年に於いて前と同じ雑誌の『アーケオロジア』の中に発表された英国の輪状列石なるストーン・ヘンヂの発掘報告である。是れはストーン・ヘンヂの倒壊した石材を復旧する事業のかたはら発掘が試みられたもので、氏は其の大石を再び立てることの困難なる事業に成功したのみならず、其の地面の長方形の木の枠に依って区画して、中にある処の埋蔵の遺物を発掘し、ストーン・ヘンヂの列石を磨くに用いられた処の砥石を始め各種の石器を発見し、又或石の表面に少しく存した銅鏽を注意して、遂に氏はストーン・ヘンヂの建設年代を石器時代の終り、青銅器時代の初に決定せんと試みた。なほストーン・ヘンヂの目的については氏はこれが太陽崇拝の神殿であったらうと云ふ事を我が伊勢の二見浦の雌雄岩などから類推している。此のストーン・ヘンヂの目的に就いては学者の間に議論のあることであり、ゴーランド及びそれと同説のロックイーヤ氏等の説は必ずしも全学界には認められている訳ではないが、其の建設の年代に関しては、此の発掘に依って略決定されたと云ふ可く氏の功蹟の一に数へられよう。

（後略）」

浜田耕作の著書『百済観音』によれば一九一四（大正三）年に英国留学中の浜田は英国考古学会の「遠足」に参加してストーンヘンジを見学したという。自ら撮影したその折の写真も本に掲載している。そのために特別に思いいれもあったのであろう。

浜田が「それと同説のロックイーヤ氏等の説」と書いた研究書[註5]は一九〇九年に出版されている。「天文考古学」を標榜した最初の図書と言えるものである。ストーンヘンジの石柱配列と天文学を本格的に結びつけた内容である。面白いのは二十世紀初頭当時の現地での太陽の上昇下降位置が厳密にはガウランドが指摘したようにはストーンヘンジの石柱配列の位置とは一致していなかったのだ。著者のロックイーヤ氏はその不一致の理由を太陽に対しての地球の自転軸（地軸）の傾斜角度が四千年の間に変化したためだと解釈しているのである（ストーンヘンジの天体観測施設説を証明するために地軸まで傾けたところに執念を感じる）。

この本ではガウランドの報告を引用し、例の「二見浦図」も転載している。後世においてストーンヘンジが天文観測所説をとる研究者はおそらくすべてこの本を基礎としているはずである。すなわち「二見浦図」を目にしていたに違いないのだ。

忘れられたガウランドの報告文

ストーンヘンジの解釈に二見浦夫婦岩が関係していたなどということをこれまで知らなかった読者がほとんどだと思われる。この「知らなかったこと」にも歴史的意味があると考える。英国でストーンヘンジほど有名な先史時代の遺跡はないのだが、その研究史上に占めるガウランドの報告文の意味・評価を考えたい。

それはおそらく二十世紀の世界史の問題なのであろう。日英同盟（一九〇二年、奇しくもガウランドの報告の年）から日露戦争、第一次世界大戦、さらには第二次世界大戦までの日英関係史の変化の中で評価が揺れ動いたのであろう。日本の太陽信仰からの影響を素直に受け取った二十世紀初頭の蜜月時代から、関係悪化による反日の時代への変化の中で彼の業績は「意図的に無視される」ようになったのではなかろうか。

現在、よく目にする多数のストーンヘンジの概説書や研究書の末尾の文献目録を一瞥するならば、この一九〇二（明治三十五）年のガウランドによるストーンヘンジの報告文はほぼ引用されていないことがわかる。[註6] ここに問題の本質がある。ストーンヘンジの本や論文を書くに際して、もしもこのガウランドの報告文を読んでいないのならば研究者として不勉強である。しかしながら仮に読んでいながら掲げないのであればそれは意図的である。研究史にとりあげなくて済むほどガウランドの調査報告が浅薄ではないことは述べてきたとおりだ。それどころか本格的な考古学的調査の最初の事例なのだ

それでもなお載せないのならば「この報告文は読ませないほうが良い」という意図が二十世紀半ば以降の西欧の研究者たちにあったとしか思えない。読めばいろいろ分かるからである。筆者が述べたいのはここである。

彼らはストーンヘンジが太陽の動きを中心とする天体観測あるいはそれらへの信仰の遺跡だとする有力な解釈の起源がこの「日本の伊勢二見浦の図」にあるという事実をひろく知られたくはないのであろう。穿ちすぎの見方かもしれないが、二十世紀における英国の対日感情の変化がその背景にあると推測されるのだ。

これは一面では「ストーンヘンジは単なる先史時代の考古学的遺跡ではない」ということの表れである。その英国的な意義を想像するに「先史時代のグレート・ブリテン島に住んでいたわれわれの祖先は素晴らしい土木技術と非常に高度な天文知識をもっていた優秀な民族だったのだ。その証拠がこのストーンヘンジなのである」ということなのであろう。

英国人にとってストーンヘンジは「古代遺跡」ではなく「聖地」なのだ。その聖地の性格の有力な解釈の起源が「日本の太陽崇拝からの類推、すなわち朝日を拝む日本人の姿の投影。また石組と鳥居との類似性」にあったなどとは分かってはいても認めがたいところである。そのために二十世紀半ば以降は、あえてこのガウランドの報告文を無視してきたのではないだろうか。不思議に思える話かもしれないが、自分が英国人の立場になればその気持ちは分からなくもない。

さて件のドイツ人研究者にはこの報告文をコピーして郵送したのだが、その後返事はなかった。欧州人のプライドを少し傷つけたかもしれない。あるいは興味がないのだろうか。

天文考古学の行方

このガウランドによるストーンヘンジの報告文は日本の考古学にも影響を与えている。巨石遺物の調査考察としての側面である。

その顕著な例は一九三三（昭和八年）に開始された浜田耕作が主催した京都大学考古学研究室による奈良県明日香村の石舞台《いしぶたい》古墳の調査とその報告[註7]である。特に巨石の運搬や石室の構築技術の考察に関してはあきらかに影響を受けている。その意味ではガウランドの業績と日本の古墳時代研究とは相互に影響を与え合ったということができるのである。

しかしもう一方の天文学と遺跡の関係を探る視点の方であるが、現在の日本の考古学界ではそのような天文考古学的手法による遺跡遺構の解釈は全く流行っていない。とても違和感がある。異端視する向きさえある。逆に無視している。

ところが英国を中心とする西洋の研究者にとってこの「天文考古学」はとても魅力的なジャンルであり続けたようだ。これは民族の持つ思考特性や宗教的背景によっているらしい。

ストーンヘンジを基点に古い教会や塚、古い井戸などが一直線に並ぶことに「聖なるラインがあった」などのような意義を認めたがっている図版を多々見かけるのだ。シャーロック・ホームズやハリー・ポッターを生んだ民族らしい考え方である。そのような思考の根幹には「見えざる神の意思を遺跡の配置から見出す」的な思考が隠れているように思われる。さらには「論理のための論理」、「思考のための思考」のようなものであろうか。「推理小説」や「冒険小説」の母国、英国らしい考え方だと言えよう。

それらの概念が突き進んだ先には『神々の指紋』や『ダヴィンチ・コード』などのよう

な学問の皮を被った空想小説・ファンタジーがあるのであろう。

■註

1 Herausgeber Harald Meller DER GESCHMIEDETE HIMMRL Der weite Welt im Herzen Europas vor 3600 Jahren 2004

ドイツの考古学研究者から聞いたこの「ネブラの円盤」（元は盗掘団の盗掘品）の回収劇はある意味遺物の性質そのものよりも面白いものだった。東西ドイツの統合ののち西側から金属探知機を持った盗掘団が旧東ドイツ地域で青銅器時代の遺跡を掘りまわっていたらしい。その不法発掘品をめぐる盗掘団と博物館と警察との虚々実々の駆け引きがスイス・チューリッヒのホテルの地下室で展開されたのだという。

2 宮川禎一「描かれた古墳出土品——明治十四年の発掘調査——」『学叢』京都国立博物館、平成十七年。

W・ガウランドも調査に関わった丹波亀岡の鹿谷古墳であるが、その出土遺物と古墳石室の図面を描いた京都の絵師遠藤茂平はこれとは別に明治十年頃に「伏見鳥羽戦争図（草稿）」（京博蔵）を描き残している。その絵巻は伏見奉行所から撤退する新選組の姿などが描かれていることでよく知られている絵図だ。この奇妙な考古学史と幕末史とを繋ぐまことに細い糸である。

3 WILLIAM GOWLAND Recent Excavation at Stonehenge ARCHAEOLOGIA 1902 LONDON

4 『紀伊国名所図会』第三編、巻四上、天保九年刊行（復刻版『紀伊國名所図會』版本地誌大系⑨臨川書店刊、平成八年）。画工は京都の小野廣隆。

5 NORMAN LOCKYER STONEHENGE and other BRITISH STONE MONUMENTS Astronomically Considered 1909

6 現代的なストーンヘンジ研究の状況を日本語で読むならば、服部研二「ストーンヘンジについての若干の考察」『大塚初重先生頌寿記念考古学論集』平成十二年、がまとまっている。現状はストーンヘンジについて「なにがなんでも太陽信仰の遺跡だ」という概念からは脱却した研究段階にあるようである。しかし先史時代の巨石記念物の解釈に天文考古学的な考え方の影響がまだまだ色濃いこともよく分かる。

7 京都帝国大学『大和島庄石舞台の巨石古墳』京都帝国大学文学部考古学研究報告、第十四冊、昭和十二年。あるいは斎藤忠「近世における巨石運搬法の考察」『史林』第十八巻第二号、京都帝国大学文学部。昭和八年。

【追記】

この文章は考古学の論文にしようかと準備していたのだが、どちらかと言えば十九〜二十世紀の日英関係史の一断面のようなものという性格が強いのでこの本に「読み物」として載せることとした。残念ながら筆者はまだこのストーンヘンジには行ったことはない。またその本格的な研究の文章でもない。さらには焦点である天文観測施設説についても確たる考えを持っているわけでもない。

筆者が古代の巨石文明に興味を抱いているのは実家のある大分県宇佐市安心院町佐田の「京石」と呼ばれる巨石柱群について昔から疑問を持っていたからだ。そこには高さ二〜二・五メートルほどもある安山岩の棒状巨石が数十本林立している。米神山の西南側山麓にあり、そこから遠く由布岳を望むことができる。中世には五輪塔や板碑・石仏などの多い地域なのだが、それらは軟かい凝灰岩でできている。京石はそのような仏教的なものではなさそうだ。少なくとも古墳時代以前、あるいは縄文時代のものか。ただしともなう遺物は全く不明である。伝承では天から降ってきた石柱であり、千本降ったならばそこが都になる（だから京石と言う）はずだったが、九九九本しか降らなかったので田舎のままなのだ（『安心院町誌』による）という。確かにとても田舎ではある。

ストーンヘンジの正体はまた京石の正体でもあるのかもしれない。

宇佐市佐田の京石

（付）明治〜昭和初期における龍馬および本書に関わる人物事象の年表

西暦	和暦	月	事象
一八六八	明治元年	一月	鳥羽伏見戦・海援隊士による長崎奉行所占拠・沢村惣之丞の死
		二月	三十日、パークス襲撃事件で中井弘が林田貞堅を討ち取る
		三月	五箇条の御誓文発布。おりょうが高知へ行く
		閏四月	海援隊が解散する
一八六九	明治二年	夏頃	おりょうが高知を離れて京都へもどる
一八七〇	明治三年	一月	岩倉具視が東京で坂本・中岡の霊を祀る
			福沢諭吉が「肉食之説」を書く
一八七一	明治四年	七月	廃藩置県。坂本権平没（五十八歳）
		八月	高松太郎が坂本直として龍馬の家名を継ぐ
一八七二	明治五年	二月	福沢諭吉が『学問のすすめ』を書きはじめる
		六月	長岡謙吉没（三十九歳）
			この頃、おりょうは京都を離れて上京する
			この年、W・ガウランドが来日する
一八七七	明治十年	二月	西南戦争が勃発
		五月	木戸孝允（桂小五郎）没（四十五歳）
		九月	寺田屋登勢没（四十七歳）、西郷隆盛没（五十一歳）
一八七八	明治十一年	五月	大久保利通没（四十八歳）
		六月	土佐立志社陰謀事件が発覚、陸奥宗光らが投獄される
一八七九	明治十二年	八月	坂本乙女没（四十九歳）
一八八〇	明治十三年	四月	京都府知事槇村正直が撃剣禁止令を出す

一八八一	明治十四年	五月	龍馬・中岡を靖国神社に合祀
			京都府亀岡鹿谷古墳の調査（W・ガウランドが関わる）
一八八二	明治十五年	一月	京都府知事北垣国道が体育演武場開設（千葉重太郎が取締）
一八八三	明治十六年	一月	坂崎紫瀾の「汗血千里駒」が「土陽新聞」で連載開始
		十一月	東京で鹿鳴館が開館（中井弘の命名）
一八八四	明治十七年	三月	「瑞山会」が結成される
一八八五	明治十八年	五月	千葉重太郎が京都で没する（六十一歳）
一八八七	明治二十年	十一月	W・ガウランドが帰国
		十二月	保安条例を拒否した片岡健吉・坂本直寛らが投獄される
一八八九	明治二十二年	二月	大日本帝国憲法公布
		十二月	青木周蔵が外務大臣になる（条約改正へ）
一八九〇	明治二十三年	三月	小曽根英四郎没（五十歳）
		六月	松平春嶽没（六十三歳）
一八九一	明治二十四年	四月	龍馬と中岡に正四位が追贈位される。吉井幸輔没（六十四歳）
一八九二	明治二十五年	八月	陸奥宗光が外務大臣となる
一八九三	明治二十六年	八月	山梨・甲府で千葉佐那が山本節の取材を受ける（女学雑誌他）
一八九四	明治二十七年	七月	日清戦争が勃発
		十月	京都府知事中井弘没（五十五歳）
一八九六	明治二十九年	五月	坂本直寛が北海道の常呂に北光社を設立
		十月	千葉佐那没（五十九歳）
一八九七	明治三十年	五月	京都帝室博物館が開館する
		八月	後藤象二郎没（六十歳）、陸奥宗光没（五十四歳）

西暦	和暦	月	事象
一八九八	明治三十一年	五月	坂本直寛、坂本一族をひきつれて北海道浦臼に移住する
		十一月	坂本直（高松太郎）高知で没（五十七歳）、中浜万次郎没（七十二歳）
		十二月	河田小龍没（七十五歳）
一八九九	明治三十二年	一月	勝海舟没（七十七歳）
		十一月	川田雪山「お龍回想談」が土陽新聞に連載
一九〇〇	明治三十三年	二月	坂崎紫瀾「坂本龍馬」（少年読本第十九編）
一九〇一	明治三十四年	二月	三吉慎蔵没（七十一歳）、福沢諭吉没（六十六歳）
			W・ガウランドが英国でストーンヘンジを調査する
一九〇二	明治三十五年	一月	日英同盟締結。W・ガウランドの報告文が発表される
一九〇三	明治三十六年	五月	元山国隊の藤野斎没（七十三歳）
一九〇四	明治三十七年	二月	六日、昭憲皇太后の霊夢に龍馬が現れる。八日、日露戦争開戦
		三月	広瀬武夫戦死（三十七歳）
一九〇五	明治三十八年	一月	夏目漱石の『吾輩は猫である』がホトトギスに連載開始
		五月	日本海海戦で連合艦隊がロシアバルチック艦隊を破る
		八月	米国ポーツマスで日露講和会議
一九〇六	明治三十九年	一月	十五日、横須賀でおりょう没（六十六歳）
		五月	伏見の寺田屋が再興
		十一月	京都霊山で坂本・中岡両士四十年祭開催
一九〇九	明治四十二年	四月	由利公正没（八十一歳）
		十月	伊藤博文没（六十九歳）
一九一〇	明治四十三年	三月	佐々木高行没（八十一歳）
一九一一	明治四十四年	九月	坂本直寛没（五十九歳）

一九一二	大正元年	十一月	『維新土佐勤王史』発刊
一九一三	大正二年	十月	浦臼・聖園小学校で龍馬遺品展開催
		十二月	釧路市大火で坂本弥太郎邸が焼けて龍馬遺品の一部が失われる
一九一四	大正三年	二月	青木周蔵没（七十一歳）
		七月	第一次世界大戦はじまる
		八月	横須賀市信楽寺におりょう墓「贈正四位阪本龍馬之妻龍子之墓」建立
			浜田青陵が英国でストーンヘンジを見学
一九一五	大正四年	七月	高知・桂浜に坂本源三郎によって「故坂本龍馬先生彰勲碑」建立
一九一六	大正五年	十一月	坂本・中岡両士五十年祭が京都護国神社で開催される
一九一八	大正七年	十一月	土方久元没（八十六歳）
一九一九	大正八年	三月	福岡孝悌没（八十五歳）（福岡は龍馬と同い年）
		七月	板垣退助没（八十三歳）
一九二〇	大正九年		カレル・チャペックが戯曲『RUR』で「ロボット」を産み出す
一九二六	大正十五年	四月	『坂本龍馬関係文書第一』刊行・六月に「第二」刊行
一九二八	昭和三年	五月	高知・桂浜に龍馬銅像が建立される
一九二九	昭和四年	五月	東京青山会館で「土佐勤王志士遺墨展」が開催される
一九三一	昭和六年	二月	坂本弥太郎が恩賜京都博物館に龍馬遺品を寄贈する
一九三三	昭和八年		浜田青陵らにより明日香村の石舞台古墳が発掘調査される
一九三四	昭和九年	一月	京都・円山公園に龍馬・中岡銅像（初代）が建立される
一九三八	昭和十三年	十二月	カレル・チャペック没（四十九歳）
一九三九	昭和十四年	三月	田中光顕没（九十六歳）
一九四〇	昭和十五年		井口家が恩賜京都博物館に血染屏風と龍馬紋服を寄贈する

あとがき

ご一読いただいていかがだったであろうか。やや過激な物言いもあったかもしれないが、それはそれで意味があると思う。福沢諭吉先生も発言や著作が挑発的であった。議論に刺激を与えるためだ。万人に向けた公平でバランスのとれた丸い文章ならばわざわざ書く必要もなかろう。その意味で言うとこの世で一番退屈な文筆作業はおそらく教科書を書くことではないだろうか。本書は幸いなことに教科書ではないのである。個人的見解の大行進だ。

読み返せば、やや調べが足りない内容もあったかもしれないとは思うが、どんな場合でも「完璧」は無理そうである。完璧とはすなわち進歩の停止を意味するからだ。間違ったならばあとで訂正すれば良いのではなかろうか。「何の浮世は三文五厘」（見る前に跳べ）と龍馬も福沢も書いているではないか。コピペ全盛の時代（大学生が提出してくるレポートを読みながらそう思う）なのだが、ほとんどの文章を筆者が書いたことは保証したい。

歴史とはいったい何か？　それをいつも心掛けて書いてきたつもりである。史料の枝葉末節の陰にこそ面白さが隠れており、その面白さの向こう側に歴史の本質はあるように思っている。できるだけ史料そのものの中から何かを掘り出そうとしてきたことはご理解いただけたであろう。人が歴史をつくり、歴史が人を評価してきたのだと考える。

また幕末維新史とは関係なさそうなストーンヘンジの話まで盛り込んだが、面白く読んでいただけたならば幸いである。

平成二十八年十月

宮川禎一

第Ⅰ部　「霧島山登山図」は龍馬の絵か？

京都龍馬会会報「近時新聞」、連載
（平成二十一年九月一日〜平成二十八年九月一日）

第Ⅱ部　墨消しの真実

高知県立坂本龍馬記念館・現代龍馬学会報、連載「犬歩棒当記」
（平成二十二年四月一日〜平成二十八年十月一日）

第Ⅲ部　考古学異聞

書き下ろし

〈著者略歴〉

宮川　禎一（みやかわ　ていいち）

1959年、大分県宇佐市安心院町生まれ。大分県立中津南高等学校卒。1986年、京都大学大学院文学研究科修士修了（考古学専攻）。財団法人辰馬考古資料館学芸員を経て、1995年から京都国立博物館考古室員。2006年より同館学芸部考古室長。2012年より同館学芸部企画室長。2016年より上席研究員。

専攻は東アジアの考古学。特に統一新羅時代の陶質土器の研究、東南アジアの銅鼓の研究、平安時代経塚遺物の研究、あわせて坂本龍馬の研究など。

主要論文は「新羅印花文陶器変遷の画期」（『古文化談叢』第20集〈中〉、1989年）、「施文技術からみた西盟型銅鼓の新古」（『学叢』第22号、2000年）など。著書に『日本の美術407号「陶質土器と須恵器」』（至文堂）、『龍馬を読む愉しさ ― 再発見の書簡が語るもの ―（臨川選書23）』（臨川書店）、『全書簡現代語訳　坂本龍馬からの手紙』（教育評論社）など。

京都国立博物館の特別展覧会『龍馬の翔けた時代』展（2005年）、『藤原道長』展（2007年）、特別展覧会『南山城の古寺巡礼』展（2014年）、特別展覧会『没後150年　坂本龍馬』展（2016年）の企画および図録の編集。

「霧島山登山図」は龍馬の絵か？
幕末維新史雑記帳

二〇一六年十一月一日　初版第一刷発行

著　者　宮川禎一
発行者　阿部黄瀬
発行所　株式会社　教育評論社
〒一〇三−〇〇〇一
東京都中央区日本橋小伝馬町一番五号
PMO日本橋江戸通
TEL　〇三−三六六四−五八五一
FAX　〇三−三六六四−五八一六
http://www.kyohyo.co.jp

印刷製本　萩原印刷株式会社

定価はカバーに表示してあります。
落丁本・乱丁本はお取り替え致します。

ISBN 978-4-86624-005-3